香港人に希望はあるか

羅冠聡
ネイサン・ロー

串山大 訳

季節社
KISETSU-SHA

序　親愛なる日本の皆さまへ

この本を手に取ってくださった皆さんと、文化の壁を越えて繋がり、人としての体験を共有できることを深く感謝しています。私たち香港人の多くにとって、日本は単なる隣国ではなく、第二の故郷のように感じられる場所です。私たちは、日本の美しい風景を大切に想い、日本の料理を楽しみ、日本の豊かな文化に魅了されています。個人的には、歴史ある京都に深い愛着があります。京都の寺院の境内を歩いたとき、足元の小石の鳴る音が静寂の中に反響するのを聞いた思い出は、私が最も大切にしている記憶の一つです。こうした時間こそ、権威主義政権の下で生きる活動家にとって必要な、心安らぐ貴重な避難所となるのです。

この本に書かれている旅は、二〇一八年八月一八日の投稿記事から始まります。私はかつて、雨傘運動で平和的な抗議をしたがために「違法集会を煽動した」として起訴され、二〇名の他の囚人と共に雑居房に三カ月近く収容されました。最近の刑期と比べれば、これはたいしたものではありません。しかし私にとっては獄中生活を味わうのに充分な長さでした。二〇一七年一〇月に釈放された後、私は大学の卒業を目指し、そして傷ついた心を癒すために家族と共に京都を旅しました。

活力と集中力を取り戻した私は、再び香港の政治情勢の渦中に引き込まれていきます。雨傘運動の敗北によるダメージが残り、市民の声が小さく聞こえなくなっていく世界において、私たちは進むべき方向性を見出すのに苦労していました。新しいナラティブと新しい目標設定に向けた探求を始め、社会運動への一般市民の参加を促す希望の火をつけようとしていました。

本書は、激動の時代に私が執筆した一連の記事をまとめたものです。一般的な旅行記や、香港のレストランや観光スポットのガイドブックとは異なり、本書が紹介しているのは、私の目を通して見た香港の変遷——権威主義的な政策がいかにして私たちの生活の基盤を作り変えてきたのかということです。

この旅の道のりは、香港の自由が揺らぐことによって敷かれたもので、私は香港からロンドンへ連れて行かれることになります。前著『フリーダム』では、私の個人的な経験を掘り下げましたが、本書では私の政治的な考えと、香港の変容について書いています。合わせて読んでいただければ、異なるレンズを通して香港を全体的に見ることができるようになるでしょう。

本書を読むことを通して私と共に旅をしようと思ってくださった皆さん一人ひとりに対する感謝の気持ちは、言葉では表現しきれないほどです。香港はもはや数年前のようなホットな話題ではないかもしれませんが、それにもかかわらず皆さんが関心を持ち続けてくださることは、私にとってだけでなく、香港の人びとにとって計り知れないほどの価値があります。それは希望の光であり、私たちの物語がまだ共鳴を生むということ、自由を求める私たちの闘いが忘れ去られたわけではないということを伝えてくれます。

「自由のために闘おう！　香港と共に立ち上がろう！」このスローガンは、私たち全員の願いなのです。

二〇二三年六月　深い感謝を込めて

羅冠聡

目次

第三部　民主主義と自由のゆくえ――弱くても屈しない　145

凡例

- ［　］内は訳者による注釈。
- 記事の日付は投稿日。
- 全体を通して投稿日の順に記事を配列してあるが、内容のまとまりを考慮して三部構成に分けた。
- 原文の記事にタイトルがない場合は訳者が補った。
- 複数サイトに同一の投稿があった場合、出典の掲載は一つに留めた。

第一部

亡命まで

——香港を愛しすぎることは罪なのか

変化を起こす原動力

二〇一八年八月一八日

一年前の今日、僕は刑務所で過ごす最初の夜に月を眺めていた。

あれから一年を経て、立場や役割は変わっても、あいかわらずいろいろ奔走している。願わくは少し生活のリズムを変えて、歩みの遅い自分が追いつくのを待ちたい。

刑務所を出ると、すぐに慌ただしく選挙があり、デモシスト（香港衆志）の路線修正にも協力し、そして念願だった本の出版にもこぎつけた『青春無悔過書』のこと。国安法の施行後は香港で禁書とされている」。次は自分のこれからの進路について考えるべき時だ。九月に新年度を迎え、学生生活を再開する。かなり刺激的だ。新入生にしてみれば二十代半ばの僕はすでにおじさんだろう。同じキャンパスで席を並べるのはややばつが悪い気もするが、無事に卒業して一つの区切りをつけたい。正直に言ってしまえば、大学の学位はすでに僕にとって必要不可欠なものではない。それでも六年の時間とその分の費用をついやした自分の学業に、しっかりとピリオドを打ちたい。自分を納得させるためにも。

社会運動については、これからも自分が役に立てる部分で取り組みを続けるつもりだが、対外的な活動が減れば、休みを見つけて家族と一緒に過ごし、心配ばかりかけたこの数年を少しは埋め合わせできる。ときどき悲鳴を上げる自分の身体をいたわることもできるだろう。文章を練ることで自らの思考を研ぎ澄ませるためにも、コラムや時事問題の評論など、ものを書く仕事は少しずつでも続けていきたい。

若者を集めたデモシスト主催のサマーキャンプでは、無力感について議論があった。ある参加者は、自分は無力だと感じることはなく、浜辺でゴミ拾いをしていても少しずつ世界が変わっていると実感し、不正義を正していると思えるという。その一方で、現実はそう簡単には変わらず、独裁政権を打ち倒すことは困難だと、自分の無力さを感じる参加者もいた。僕は、この二人が矛盾しているとは思わない。「変化」というものをどう捉えるかがポイントだろう。海岸のゴミ拾いで海洋汚染の状況をすっかり変えてしまうことができるだろうか？　言い換えると、ひとりの人間がわずかな仲間と協力するだけで、過去の膨大な経済活動の蓄積による環境破壊を解消できるなどと、無邪気に信じられるだろうか？　もちろんそんなことはできないのだが、それでも、きれいになった砂浜やたくさんのゴミ袋を実際に目にすれば、人は達成感を得られる。これは、現実から目を背けているのではない。途中で気持ちがめげないように行動するには、何か原動力が必要なのだ。僕たちは高すぎる理想を抱き、遠くの目標ばかり追ってしまいがちだが、そのせいで足元の段差が見えなくなり、つまずくのを恐れて前へ進めなくなることもある。

その懸念は、僕自身にもある。とくに大きな嵐が過ぎ去ったあとなどは、自分がちっぽけな存在だと気づかされ、無力で何もできないことに焦りを感じてしまう。だがよくよく考え直すと、自分への要求が高すぎた気がする。先日、自分の誕生日に、僕は「世界は速すぎる。自分が追いつくのを待とう」と考えることに決めた。ただひたすら急な成長を求めるだけでは、かえって一つ一つの取り組みがおろそかになる。新たな実践に踏み出そうとしても足がこわばり、おのれの未熟さを責め続けることになる。

今の僕に本当に必要なのは、きっと自分を待つことなのだ。自分の歩みの速度を知り、心の内にしっかりと耳を傾けたい。

これからの一年は、今まで以上に身近な人たちとしっかりつながりながら、率先して前へと進んでいけるかもしれない。これまでは大衆運動により多くを費やしてきた。けれども、身のまわりの事柄にも目を向けて、次の段階へと進むべきタイミングなのだろう。目先の損得に一喜一憂しない——刑務所に入る前にそう自分に言い聞かせたように、いかなる状況にも冷静に向き合いたい。

出典　https://www.facebook.com/NathanLawKC/posts/1570718859746108

学ぶことの意味

二〇一九年三月一六日

六年がかりで大学を卒業する。僕は大学生活のすべてを学生運動や民主化運動にささげてきた。入学した年に嶺南大学学生会（学生自治会）の臨時主席となり、雨傘運動では学生を代表して政府と直接交渉した「学連五子」の一人に数えられ、新政党・デモシスト（香港衆志）を立ちあげて立法会議員［日本でいえば国会議員にほぼ相当］に当選し、そして収監された。教室に座って落ち着いて授業を受けることはできず、外の世界で荒波にもまれ、嵐のなかで成長した。この数年、ただ教室の中で勉強するだけの生活と比べて、より多くのことを学んだはずである。

だからといって僕は、学業が二の次でよいとは思っていない。僕はずっと、大学での学びによって自らを充実させたいと願ってきた。政治という大きなうねりの中で精神を鍛えられた自分には、適切な指導によって知と教養を高める必要性がより強く感じられた。この数年来の紆余曲折が、自らを向上させるべきだと僕に教えたのだ。民主化運動という長い道のりの途中で、大学院への進学を決めたのはそのためだ。

去年はまず嶺南大学を卒業することに集中し、必要な試験を受け、いくつもの大学に願書を出した。そして幸運にもイェール大学東アジア研究科の学費全額免除の奨学金を得て、今年の夏から一年間、アメリカに渡って修士課程で学ぶことになった。中国研究が中心のカリキュラムなので、中国の現状や対外拡張の危険性などを総合的に把握できる。全体主義とどう戦っていくべきか、今後の方向性が見えてくるかもしれない。また僕は、中国共産党の対外的な統一戦線や抑圧の手法について国際社会が理解を深める上で、自分のこれまでの経験や観察が役に立つと確信している。世界と香港の相互理解は双方にとってプラスに働く。

僕が香港を離れるのは、またこの場所に帰る日のためだ。自らを充実させた後、自らが属する土地に帰って奮闘するためだ。僕を応援してくれた人たちに感謝を伝えたい。とくに推薦状を書いて下さった先生と、出願書類をチェックしてくれた仲間たち。僕は本当によき師よき友に恵まれている。

出典 https://www.facebook.com/NathanLawKC/posts/1762733063878019

香港へのメッセージ——苦難は無駄に終わらない

二〇一九年四月一一日

＊香港大学学生会の機関誌『学苑』に掲載された文章。停滞期にとまどうすべての人たちに向けて、雨傘運動四周年にあたる二〇一八年に執筆した。

この文章を書き始めたのは九月二二日。ちょうど四年前に大規模な授業ボイコットを決行した。当時の新入生はもうほとんどが大学を卒業し、社会に出て忙しく働いているはずだ。朝九時から夕方五時まで仕事場にこもり、外の空気（新鮮とは言えない）を吸えるのは昼休みだけという生活を送っているかもしれない。あるいはノルマに追われ、いつもボロボロの状態で月末を迎えているかもしれない。ひょっとするとすでに家庭を持ち、かき集めた頭金で快適なわが家を手に入れているだろうか。はたまた家族の介護をしたり、法律事務所で書類の山に埋もれたりしているのかもしれない。

四年前、香港中文大学の百万大道の広場では、右手に黄色いリボンをつけた一万人超の学生が高らかに「無尽（ENDLESS）」を歌い、普通選挙の実現を求めて叫んでいた。民主化への道に自分たちの足跡を刻み、また一歩ゴールへと近づけた気がしていた。あの時の情熱と希望は、水面に映る月の幻影のように、落ちた小石の波紋にかき消されてしまった。四年後の今の僕たちは雨傘運動がどのような結末を迎えたのかを知っている。その歴史上の事件に打たれたピリオドに、すっかり慣れてしまっている。あの運動が終わると、多くの人がオキュパイ（占拠行動）の是非について評価を下した。あれはポピュリズムや焦土戦術のような考えを勢いづかせただけで、完全なる失敗だったと断ずる者もいたし、平和的なオキュパイが全世界でトップニュースとして報じられ、香港民主化運動の確かな礎になったと評価する声もあった。

僕らは物事を分かりやすく捉えることに慣れすぎている。何か耳触りのよい言葉で現状を楽観視するための理由を探し、あるいは諦める口実を探してしまう。だが、雨傘運動の余波は続いている。終わった過去と言い切ってしまうには、まだ早すぎる。旺角（モンコック）占拠区の強制排除に関わる法廷侮辱罪の裁判はまだ控訴審の最中であり、オキュパイ・セントラル（中環占拠）を指導した「雨傘九子」の裁判は年末まで始まらない。すべてあの年から現在進行形で続いている。

今現役の大学生は、あの事件をどう見ているのか。あの時の広場の写真に、あの血なまぐさい瞬間に、あのモザイクアートのような色とりどりの傘の光景に、あの歩道橋下のうす暗いステージに、写真から読み取れる以上の何かを感じているだろうか。

雨傘運動——喧騒から静寂へ

群衆の怒濤は煙のように消えてしまった。数十万の人が街頭へ繰りだした雨傘運動も、最後まで残って逮捕されたのは百人か二百人。失速は急だった。ゴミ収集車のクレーンでテント群が撤去されると街全体に静寂が訪れ、そして翌日には何事もなかったかのように車の往来が戻った。参加者たちは心の痛みを話したがらない。そのこめかみにはまだ癒えぬ生傷が残っているのに。快く思わない者は、オキュパイ・セントラルこそが香港のあらゆる不幸の元凶だと見なし、しまいには自ら命を絶つ悲劇すらオキュパイに誘発された人間の愚かさだと言い始める。雨傘運動は「指導部の誤り」「自滅」「左翼的な理想主義」といった言葉で語られることが多くなり、あの彩り豊かな光景は音もない淡い灰色へと変わりつつある。

けれども、そんな喪失感や憤りを抱いていたとしても、あの出来事を思い返さないわけではないし、思い返した結果が非難や責任追及ばかりとも限らない。海外で講演するとき、僕はいつもこう言っている。「雨傘運動で最も感銘を受けたのは人間性の発露だった」と。添美道（ティムメイ・アベニュー）近くの公衆トイレは、自分の家よりもずっと清潔で、衛生用品も充実していた。頭から血を流しながら、周りの誰かの身代わりに自ら進んで警棒で殴られにいく者がいた。路上に居あわせた人びとは、みな同じ信念を抱いているというだけの理由から、見ず知らずの誰かのために行動した。信念の力は強く大きく、私心を離れた人間性がそこに光り輝いていた。雨傘運動のなかで、僕はそのことに深く感銘を受けた。いかなる挫折や抑圧に直面しても、暗闇を追いやるための最後の支えになるのは人間性なのだと、僕は確信できるようになった。

数カ月前、台湾でシンポジウムに参加したとき、学生運動や社会運動に取り組む台湾の活動家たちと会食する機会があった。彼らの観察によると、ここ数年、台湾の民主的な政治体制や実質的な国としての地位をうらやむ香港人が増えているという。しかし、その多くは台湾民主化の道のりにどれほどの血と汗が流されたのかをあまり理解していない。最も有名な血の弾圧である二・二八事件は、国民党政権が台湾に入ってきたばかりの頃に発生し、命を奪われた犠牲者は一万人とも三万人ともいわれている。その後も数十年にわたる戒厳令の時代が続き、自由な政党活動は認められなかった。民主的な制度がようやく正式に導入されたのは、一九九〇年代のことである。血をもって書かれたその歴史書に、彼らの親友や隣人の名前が載っていてもおかしくはない。人びとを自由へと向かわせたのは、必ずしも高尚高邁な文学や音楽などではなく、むしろ苦しみの中で育まれた絆であり、惨劇から学んだ教訓だった。それが自由を求める人びとをいくつもの世代に渡って生み出してきたのだ。

その彼らには、今の香港人の落胆ぶりやある種の無邪気なあこがれ、そして雨後のたまり水のような絶望感は、少し理解しがたいだろう。雨傘運動は、民主化運動のすべてではない。一九八〇年代の中英交渉に始まり、主権の移譲、そして近年の香港基本法第二十三条に基づく国家安全条例の問題〔二〇二〇年に国家安全法が強要される以前に、立法会で国家安全条例を制定しようとする動きがあった。これに反対する五十万人デモが二〇〇三年に起こるなどして撤回されていた〕や高速鉄道反対運動、愛国教育反対運動などに続いて起こった雨傘運動は、抵抗闘争の歴史における一つの節目の出来事にすぎない。ある一つの作戦が失敗したからといって、戦い自体を放棄してしまう必要はない。

自分の苦しさを語り、互いを知る

僕らは金鐘（アドミラルティ）で信念のために私心を離れることができたのだから、この香港のどこにいても、地域でも、学校でも、家庭でも、同じことができるはずだ。人と人との距離を縮めるのは、物理的な接近ではなく、信念に根ざした共鳴ではないだろうか。より重要なのは、苦しみを共有することだ。たとえば誰かに自分の失恋や挫折を打ち明け、それをきっかけに友情が深まった経験はないだろうか。教室で隣の席になった誰かと好きなアーティストや俳優の話で盛りあがり、いつも一緒に行動するようになった経験はないだろうか。政治の話も、あるいは自由という概念も、いずれも生活に由来するものであり、意気投合のきっかけになり得るという点ではほかの事柄と同じだ。それは立法会の中でしか議論できないテーマではないし、政治オタクだけが関心を持つセンシティブな話題でもない。僕らは雨傘運動で経験した苦しみを率直に語ったほうがいい。あらゆる場面で、自分の考えや感じたことを共有したほうがいい。多数派の意見と違うからといって沈黙する必要はないし、喪失感を語ることが弱さだと考える必要もない。必要なのは、ばらばらになってしまったコミュニティを、あの金鐘（アドミラルティ）や旺角（モンコック）や銅鑼湾（コーズウェイベイ）の占拠地でかつて共に暮らし、共に抵抗し、共に喜び合った人びとのつながりを、この社会に再び取りもどすことだ。

今年の新入生は、雨傘運動の当時はまだ十四歳だった。僕がその年齢の頃は、まだ六四［天安門事件］や七一［香港の主権移譲］のことすらよく分かっていなかった。当時の僕の世界は、身のまわりのことと食欲だけが関心事であり、社会のことはよく分かっていなかった。四年前に、学生を中心とする雨傘運動が香港中を震撼させたことについて、今の新入生はどのように理解しているのだろう。二〇〇〇年代生まれなら、漠然とした印象しかないのかもしれない。身をもって経験した僕らには、それを語る責任がある。身近にいる体験者がそこでどんな苦しみを味わい、運動の結果として何がその身に刻まれたのかを伝えるために。

共通の体験を互いに知るのは重要なプロセスであり、今後の民主化運動をより強固なものにする。互いを知るための共有はキャンパスのどこにいてもできる。自分にとっての雨傘運動を語り始めればいい。

苦難のなかで、架け橋となる

香港という都市には歴史感が乏しい。有名な歴史的建築物も「土地不足」を名目に簡単に取り壊されてしまう。僕たちは根を張る先のない無菌の真空状態で「前《チン》を見ろ、銭《チン》を見ろ」とだけ教えられて育った。だが根を張るために必要なのは、歴史書の熟読とは限らない。過去の出来事や周囲の状況に興味を持てばそれでいい。興味の対象には、もちろん民主化運動も含まれる。新入生も、香港が民主主義のない後進的な国際都市であることを多かれ少なかれ知っているだろう。貧富の差は激しいし、住宅問題なども深刻である。これらの問題を引き起こしているのはいったい何か。どんな既得権益者が香港の財政から分け前を得て、本来は人びとのものであるはずの権力を独占しているのか。社会が悪くなったのは誰かが「騒ぎを起こした」せいなのか。それとも政府に「人びとのため」の政治を行う意志や問題意識がなく、市民の利益に根ざした施策を実行しないからなのか。香港では努力すれば上に行けるというのは本当か。貧困は本当に怠惰のせいなのか。

大学に入って社会についての固定観念を捨て、市民を欺き人びとの神経を麻痺させるさまざまな粉飾を少しずつ見破って、社会の真の姿に目を向ける。思考の解放が始まれば、それにはある種の苦痛が伴うかもしれない。しかし、人間の尊さは、誰かのために努力することにあるはずだ。たとえ世間からの非難や誤解が多かったとしても、それが正しい道ならば進み続けなければならない。急いでもいいし、ゆっくりでもいい。ただし、自分の境遇や周りのあらゆる物事への謙虚さを忘れてはならない。自分が負うべき責任を誰かに肩代わりさせることはできないし、また誰か一人が社会的責任を人一倍背負うべきでもない。自分の時間を使って誰かのために働く行為に対しては、不完全であることを責めるのではなく、最大限の理解を示し、好意をもって迎えたほうがいい。重箱の隅をつついてあら探しをするのは、対価を払わずに利益を得ようとするフリーライダーと同じだ。ローマの円形闘技場でヤジだけ飛ばしているような、そんな者のことなど誰も記憶にとどめない。人びとが敬意を抱くのは、危機がせまっても自分を失わず、すぐに窒息しそうなわずかな空間しか残されていなくても必死に努力を続けるような人物であり、僕たちもそうあるべきだ。

雨傘運動の後も浮き沈みは続き、僕は議員にもなったし、刑務所にも入った。僕にとっては、そのどれもが同じ道の途中にある停車駅のようなものだ。快適な駅もあれば、そうでない駅もあった。どこか一点に注目すると、どうしてもアップダウンの高低差が気になってしまうが、その道のりを歩き切った後になって振り返ったならば、浮き沈みを避けられなかったことが分かるはずだ。人生は、頂上から眺める景色を除けば、すべて汗と苦難の道のりである。本当にやりがいを感じられる何かを、すべての人が見つけ出してほしい。その虚飾のない世界に、それぞれの架け橋を築いてほしい。傲慢にも卑屈にもならずに自分の生き方を振り返ることができるように。後に続く者たちを公正な道へと導けるように。

踏み出した果てしない旅　かつて散り去った花火
ふたたび火を付け　そのたび奮い立ち
たとえ終わりに美しいピリオドはなくても　一つ一つ挑み続ける
踏み出した果てしない旅　君の美醜や優劣は誰にも決められない
群れを離れ　心を刺す皮肉な忠告を忘れよう
人生は夢　終わらない革命

［Supper Moment「無尽（ENDLESS）」より］

君が、君たちが、僕たちが、香港が、これまで歩んだ苦難の道は、決して無駄ではないと感じてほしい。

出典　https://www.facebook.com/NathanLawKC/posts/1786583164826342

あの旗——天安門事件三十周年

二〇一九年六月三日

旗

あの旗は
解放軍の機銃の炎
車両やテントを焼く烈火
血の跳ねた布地に広がる

あの旗は
自由へ向かう星々と
民主の女神たる太陽の
血と化して天空に広がる

あの旗は
抑圧された周縁の叫び
世界の中心という傲り
血に染まる大地に広がる

この旗は
誰の共和国か
ただ「共」があり
誰の「国」でもない

天安門事件三十周年の前日に記す（写真は二〇一一年、教室にて）

出典　https://www.facebook.com/NathanLawKC/posts/1836865966464728

香港、六月の嵐

二〇一九年六月三〇日

香港の歴史上、いちばん長い六月だった。

驚くべき出来事が次々と起こった。「香港、六月の嵐」といってよい。

六月四日の天安門事件追悼のキャンドル集会には十八万人が集まり、六月六日には黒い服を身にまとった三〇〇〇人の法曹関係者が〔中国への犯罪容疑者引き渡しを可能にする逃亡犯条例改悪に反対して〕沈黙のデモ行進を行った。そして六月九日の白服の一〇〇万人デモ、六月一〇日未明の香港島での衝突、六月一二日の立法会ビル周辺での大規模な衝突と続き、六月一六日には黒服の二〇〇万人デモが起こった。G20大阪サミット直前の六月二六日には民間人権陣線（民陣）の呼びかけによる集会があり、各国の領事館を回るマラソン請願も行われた……。

一〇〇万人デモが起きたときには、その倍の人数の二〇〇万人デモなどまったく想像できなかった。

湾仔（ワンチャイ）や金鐘（アドミラルティ）の街を埋めつくす黒い大群衆は、かつて見たことのない壮観な光景だった。

催涙弾を経験したときも、まさかゴム弾の銃撃まで経験するとは思わなかった。あの日、催涙弾の煙に追われて中信ビルあたりに差しかかると、突然、前方から「身をかがめろ」と呼びかける声が聞こえてきた。どこに銃弾が飛んでくるか分からず、歩道橋の上すら安全とはいえなかった。災禍に逃げ惑うような心持ちで、かつて経験したことがないほどに、死を間近に感じた。

その日はさいわい警察の暴力によって命を落とすものは出なかった。しかし、暗い先行きしか見えない現実への絶望を深め、この世界から去って行く仲間があとを絶たなかった。僕は、香港の民主化運動や抵抗運動のなかで、死をもって志を明らかにする「血の抗議」が行われることには、この先もずっと慣れることはない。僕は、そんな行動を二度と起こさないでほしいと切に願う。僕らの闘争は、今日の死ではなく明日の生を求めるものだ。僕は、こうも気づかされる。非人間的な国家権力やその暴力に立ち向かうときにこそ、美しい人間性を発露すべきだと。だからこれまで以上に身近にいる仲間を気にかけて、そしてこう伝えてほしい。こんな世界でも、キミにはボクがいるのだと。

世界中で新聞広告を出すためのクラウドファンディングがわずか半日で目標額の二倍に到達し、全世界の新聞メディアに支援の声を広げられたのは、過去のどの国の抵抗闘争にも見られない輝かしい成果といっていい。各国が香港問題に言及せざるを得ない状況が生まれ、一定の国際世論の支持が得られた。

僕の心に深く刻まれたのは、レノン・ウォールの美しさ、犠牲者追悼の悲しみ、歩道橋の怒り、鍋底

[立法会ビル下]の痛み、そして賛美歌の魂、バリケードのとげ、市民の涙、傷口の血。僕はずっと忘れない。

ここは香港人の「家」である。僕らがこの六月に経験したどんな苦しみも、どんな成果も、すべて香港人の血と汗の抵抗によるものだ。一つにまとまり、決して屈服せず、そして助けあう。

いちばん長い六月は、目まぐるしく複雑に変化した。

痛みはあったが、だからこそ香港人の意志が堅く揺るぎないと知ることができた。僕は自分が香港人であるという確信を深めた。どんな災禍に見舞われても香港人の命が続くかぎり、そこに自分たちの未来はあると、そう確信できた。

まもなく七月になる。時間はつねに刻々と流れているが、僕らは成功への道のりが遥かに遠く、しかも障害だらけであることを知っている。

しかし、いかに苦しい道のりであっても、諦めることはない。

あなたもきっと同じ気持ちですよね？

共に戦う仲間は、誰ひとり欠けてはならない。また明日。

出典　https://www.facebook.com/NathanLawKC/posts/1866649256819732

レノン・ウォールが救った命

二〇一九年七月一二日

私は前線の香港市民です
今日 死ぬつもりでした 疲れて
そしてここを通りかかり
涙が出ました
ありがとう みんな
ありがとう 大埔

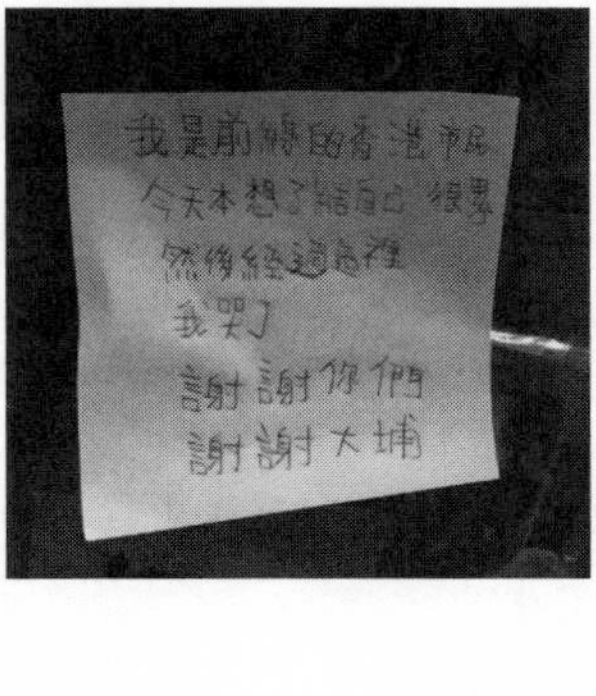

ある友人が大埔（タイポー）のレノン・ウォールでこの付箋を見つけた。悲しみと共に、喜びを感じる。孤立無援のなかで安らぎが見つかったことに。「どんな小さな善行でも怠らない」というのが、人に接するときの僕の座右の銘だ。その善行がどんな影響を生むのかは、自分には分かり得ないのだから。以前やった人気のオンラインゲームを思いだす。

魔王を倒しに行くパーティーには、明確な役割分担があった。

ＨＰが高い職業ならタンク（盾役）となり、攻撃力が高ければアタッカー。

後列には体力を回復させるヒーラーがいて、さらに魔道士がマルチに魔法攻撃をしかける。

いい仕事をしたければ、いいアイテムをそろえる必要がある。

武器職人がすぐれた武器を作り、薬師がＨＰやＭＰを回復させる薬を作る。

その材料を見つけてくるのは木こりや鉱夫だ。

一つ一つがつながっている。

木こりに、なぜ前線に出ないのかと聞くことはない。

その職業に向かない仕事をさせても、労力は倍に、成果は半分になるだけ。

だからミッションを達成するその瞬間まで、互いに支え合う。

疲れることも、気落ちすることもきっとある。

けれど忘れないでほしい。一歩外に出れば、限りない優しさに出会える。

この運動に行き止まりはない。先がないように見えるのは、そこが曲がり角だから。

くじけない仲間たちに感謝したい。

出典　https://www.facebook.com/NathanLawKC/posts/1878290288898962

同じ山の頂を目指す兄弟たち

二〇一九年七月一四日

二〇一六年九月四日、香港島選挙区の五万人を超える有権者から票を得て、僕は立法会議員に当選した。二〇一七年七月一四日、議員の宣誓には「誠実さと厳粛さ」が必要であるという北京政府による後付けの法解釈に基づいて、法廷は僕の宣誓が「誠実さと厳粛さに欠ける」との裁定を下した。宣誓のやり直しも認められぬまま僕の議員資格は剥奪され、香港島選挙区の五万人を超える有権者の票がドブに捨てられた。このとき六名の立法会議員が相次いで議席を剥奪され、十数万の市民の選択が後付けの法解釈によって捨てられてしまった。あれから二年が経ち、政府はすでに政治的主張によって候補者をふるいにかける制度を確立している。立候補者に政治的姿勢についての「確認書」を提出させる制度は区議会議員選挙にまで及ぼうとしている。僕たちが街頭で二つの普通選挙［行政長官選挙と立法会選挙］の実現を目指していた頃、すでに香港の選挙制度は骨抜きにされつつあった。もちろん、政治的タブーに足を踏み入れたことがなければ、何の問題もなく立候補できるだろう。だが、そのタブーの境界線が今後どこまで拡大されるのかは誰にも分からない。すべての市民の声を代表できていない議会、一部の市民の政治的立場が初めから排除されてしまう議会は、健全な議会とは言えない。

しかし、逃亡犯条例反対運動で広まった「同じ山の頂を目指す兄弟たちが、それぞれ努力する〔兄弟爬山、各自努力。やり方は違っても互いに尊重するという意味〕」という言葉に表されるように、それぞれの持ち場は違っても誰もが自分のやり方で運動に取り組み、貢献することができる。すでに選挙から排除されてしまった者として――周庭（アグネス・チョウ）が立候補しようとした際、デモシストと政治的につながりのある者は立候補できないと当局の担当者が断言している――僕は次のことを強く主張したい。たとえわずかな数でも、これまで以上の決意をもって是が非でも議席を確保しなければならない。地域のリソース配分をつかさどる区議会で建制派〔体制派〕の独占を崩せば、敵の兵糧を断ち、物量による人心の籠絡を防ぐことができる。立法会議員という立場は、抗議運動の現場では市民の保護に役立つものであり、警察権力へのチェック・アンド・バランスとしても機能する。また、政府の権威主義に普段から挑戦し続けることができる。

もちろん、街頭運動が闘争の中心となるのは変わらない。しかし、二〇一六年の選挙でも繰り返し述べたように、議会の内と外で同時に戦いを進めれば、相乗効果がある。過去に行われた議員資格剥奪は、司法制度や選挙制度に対する市民の信頼を損なっただけでなく、今回の抗議運動の導火線にもなっている。政府はこのことを重く受けとめるべきだ。もし政府が市民の政治的権利を奪い続け、反対意見をかたくなに抑圧するのなら、政府への不信任の声はますます大きくなる。対立はどこまでも激しさを増し、事態の収拾はより困難になる。

林鄭月娥（キャリー・ラム）〔当時の香港行政長官〕は、分断を修復し、争いを収めると口では言っているが、実際の行動が伴っていない。デモの五大要求〔「逃亡犯条例改正案の完全撤回」「抗議デモを暴動とする見解の撤回」「デモ参加者の逮捕の取り下げ」「警察の職権乱用行為を調査する委員会の設置」「普通選挙の実現」という五つの要求〕を実現すべきであり、また政治的主張を理由とする立候補資格の剥奪をただちにやめるべきだ。

出典　https://www.facebook.com/NathanLawKC/posts/1879310808886910

二〇一九年八月一日

実弾が放たれる前に香港市民ができること

あなたが「青色〔親体制派〕」だとしても、「黄色〔民主派〕」だとしても、安定を望む香港人であるなら、今為すべきはストライキです。武力による衝突を避け、香港に落ち着きを取りもどす手段として、それが最も有効です。

今、香港は混迷を極めています。

一、香港政府は、統治者としての威信を失っており、経済的利益や甘い言葉によってデモ隊を思い止まらせることはできない。
二、警察は、無法集団と化しており、政務長官をはじめとする文官たちは何の統制も行えない。
三、デモ隊は、度重なる弾圧によって深い傷を負っており（一五〇人近くが逮捕され、四十四人が暴動罪で起訴され、数十人が香港を離れ、そして無数の人びとが怪我を負った）、それを懐柔策によって癒すことは難しい。

このような対立構造の中で、政治は行き詰まって活路を見いだせず、警察の暴力には歯止めが効かず、そしてデモ隊の多くは死を覚悟しています。この三つの渦が情勢を先鋭化させ続けているのです。もし、この三者の対立を崩す何らかの力が外部から与えられなければ、香港の混乱は取り返しのつかないところまで激化するでしょう。七月二八日、警察はデモ隊の制圧にゴム弾を使いました。実弾の発砲を除けば、最高レベルの武力行使に相当します。もし警察がこのような手段をうっぷん晴らしのように躊躇なく使い続け、それでもデモ隊が抵抗をやめないとすれば、実弾発砲という事態もまったくの絵空事とは言い切れません。［その後、八月二五日に香港警察は初めてデモ隊を前に実弾を発砲した。十月一日にはデモ参加者が実弾で撃たれて重体に陥った］

人民解放軍の投入までは遠いとしても、実弾発砲までの距離は近い——デモの鎮圧に実弾が使われてしまった香港が、その後どうなってしまうか想像してほしいのです。この膠着状態を打開するために、デモ隊に撤退を促すのは現実的ではありません。彼らの主張は正当なものばかりであり、にもかかわらず多くの暴力を受けてきたからです。また交渉可能な代表者がいないことも、デモ隊の撤退を困難にしています。とはいえ警察の暴力を抑制するという観点からは、民衆による直接的な圧力は、行きすぎた武力行使を警察に「反省」させることにはつながりません。それはむしろ憎しみを掻き立てる原因となり、より敵対的な関係になってしまいます。

市民が大局を変えられるのは、集団の力の矛先を政府に向けたときだけです。現在のデモ隊による衝突や抵抗闘争のやり方に賛同する必要はありませんが、しかし、衝突のエスカレートを避けるための真の方法は、彼らを責めたてることではなく、より平和的な手段が変化をもたらす可能性を彼らに伝えることです。平和的な手段で安全に成果を得られるのならば、誰が逮捕や怪我のリスクを冒してまで前線で銃弾の前に立ちはだかるでしょうか。

だから、あなたが平和を愛するのでも、安定を愛するのでも、暴力に反対するのでも、そのいずれであっても、次のことをはっきりと認識してください。この対立構造にあっては、政府が市民の力によって動かされた場合にのみ、現在の膠着状態を打開できるのです。唯一の方法は、人海戦術で圧力を生むこと——政府が譲歩しなければならないという政治的メッセージを八月五日の大規模ストライキで明確にすることとです。これは現在のデモに賛同するかどうかとは別の問題です。望んでいるのは、政府が平和的なデモにおける民意に耳を傾けることと、市民が「和理非（平和的・理性的・非暴力）」への信頼を取りもどすことだけです。

香港マカオ事務弁公室［香港政策を管轄する中国の行政機関］が記者会見で、香港政府や司法機関、警察への「断固たる支持」を表明すると、勢いづいた政府はすぐに四十四名のデモ参加者を暴動罪で起訴しました。その中には十六歳の少女も含まれていました。また、彼女を助けようとした八月に結婚予定のカップルも逮捕されました。政府は、大きな恐怖を生み出し、より強引な手段で運動をつぶそうとしています。これ以上の衝突の激化を避けるために、今このタイミングを逃さず、短期集中の行動を起こさなければなりません。

あなたが「青色」でも「黄色」でも、香港に落ち着きを取りもどしたいと願う香港人にとって、八月五日のストライキは極めて重要なチャンスです。短期集中で最大限の力を爆発させれば、それが「構造的暴力や実際の暴力によって香港人への弾圧を強めても、より大きな反発を生むだけで、抵抗闘争を鎮めることはできない」という明確なメッセージになります。

香港人の団結が香港を救うのです。混乱や衝突の中で香港を失ってしまわないように、非暴力の手段で政府を譲歩させるのが最善の方法なのです。

一斉ストライキで香港を救いましょう。

出典　https://www.facebook.com/NathanLawKC/posts/1898512783633379

二〇一九年八月一一日

運動の進化——抵抗闘争における有機的な連携

なぜ「大台（メインステージ）」〔雨傘運動の際に設けられ各リーダーが台上に立ったことから、転じて運動のリーダーを指す。抗議運動が行き詰まるとデモ参加者から多くの批判を浴びた〕が束縛の枷と見なされるようになったのかを理解するには、現在の運動における自発性のありようを知る必要がある。現在は、ネットやグループメッセージや抗議者同士のつながりによる有機体が、かつての「大台」に代わって運動の目標や方向性を定めている。計画の練り上げ、意思決定、そして実行段階における現場判断は、インタラクティブに行われており、積極的な参加がある。

俗に「公海」と呼ばれるソーシャルメディアやネット掲示板はインキュベーター（孵卵器）の役割を果たしている。宣伝活動や実行計画、運動の方向性などについて各市民の意見が提案され、その後、アクセス数や評価値による淘汰の中で、多くの人びとの意見を反映している考え抜かれた意見だけが残り、実行する価値の高い内容へと練り上げられていく。この仕組みを円滑に機能させるためには、いくつか前提条件がある。まず、ネット工作員の侵入を防ぐこと（中国共産党による意思決定の誘導を防ぐため）。次に、多くの市民が共に参加すること（抗議者の声を幅広く取り入れ民意を反映させるため）。そして最後に、何かよい意見があれば誰でも自由に発言できること。インキュベーターが有効に機能していれば、上下関係のない対等な話し合いと取捨選択を行うこのプラットフォームを通じて、以前のような中央集権的な意思決定よりも、より多くの市民の意見を反映し、より多くの人びとの知恵を取り入れた意思決定を行うことができる。

何かよい意見があれば、メッセージアプリのグループや個別のチームですぐに詳細の検討を始める。新聞広告運動や地下鉄での非協力運動などでは、いずれもこのようなグループが実際の作業を行った。互いの不足を補い合おうという意識は、運動への専門家の参加を急速に広げた。細かく分散化された中心のない動員モデルは人材の取り込みに有利であり、心身共に疲弊する各種の計画作業を、負荷を分担して実践することができる。具体的かつ明確な中心がないため、一見すると自由奔放で方向性の異なるさまざまなプランが幅広い参加者によって実行され、特定の組織やリーダーが「態度があいまいだ」とか「立場が矛盾している」といった非難を受けることもない。

計画が具体化された後、それを「どう実行するか」は、たとえばビラを制作するデザイナーや、前線に立つ活動家、地下鉄で非協力運動を行う実行者など、すべて現場の参加者が決定する。何か「おかしい」と感じたり、参加者が不安を覚える要素が生じたりした場合には、いつでも現場判断で実行を取りやめにできるため、安全弁としても機能している。

「インキュベーター」「計画の練り上げ」「実行」の三つが組み合わさった有機的な生命体のようなつながりは、この運動に絶え間なく栄養分を供給している。そこに生じるエネルギーは、過去のどんな社会運動よりも大きい。この有機体は人工知能のように試行錯誤と自己学習を繰り返す。活動後にはソーシャルプラットフォームに意見がフィードバックされ、分析と整理を経て新たな意見が示される。これらの思索は有機体の関節一つ一つを巡り、実践を重ねるたびにアップデートされる。

このように多元的かつ相互的であり、対等な関係性の中でより多くの意見や行動力を取り込んでいく組織モデルにおいて、リーダーの存在は束縛の枷になってしまうのかもしれない。逃亡犯条例反対運動の目標ははっきりしており、政府と何か交渉する必要性もなく、また何らかの「段階的な目標」を設定する必要もない。リーダーは結果論で批判を受けやすく、それは運動自体を損なうことにもなりかねない。三つの要素が組み合わさった有機体が円滑に機能し、市民の参加度が高いまま維持され、要求がはっきりしている間は、この「中心のない」「混沌の中でも秩序が保たれた」状態がかなり有効である。

実際問題として、これほど対等な意思決定の仕組みや幅広い市民の参加、意見の取り込みと深い分析などは、運動を組織する立場の僕たちを大いに勇気づける。「水になれ（Be Water）」だけでなく、今回の運動では「謙虚になれ（Be Humble）」が最新のスローガンとなっている。かつて運動の中心にいた僕たちは新たな時代に学ぶべきであり、僕たちよりも勇敢で叡智にあふれた世代に謙虚に向き合いたい。人にはそれぞれ長所があるのだから、自分が貢献できる場所で黙々と取り組むことが、最大の支援となる。

出典　https://www.facebook.com/NathanLawKC/posts/1908084672676190

警察の暴力

二〇一九年八月一二日

八月一一日は、心痛極まる一日だった。警察による職権乱用と暴力はかつてないレベルに達した。彼らは何の躊躇もなく戦争犯罪に及ぶ。既存の制度では彼らに何の処罰も与えられないことがあらためて証明された。良心のかけらもない。

ブラック警察の犯罪行為

- 頭部を狙った発砲があり、あるデモ参加者の右目にビーンバッグ弾が命中した。最新情報によると右の眼球が破裂し、視力が永久に失われた。
- 救護スタッフへの発砲があった。ある救急隊員は銃撃により意識不明に陥ったという。救護スタッフは攻撃をやめるよう警告する旗を掲げて戦争犯罪を防ぐ必要がある。
- 武器と見なすことのできる竹の棒やプラスチックチューブなどをデモ参加者のリュックに紛れ込ませ、犯罪の証拠を捏造した。
- 遠くの歩道橋にいる記者への常軌を逸した発砲があり、催涙弾が記者に命中した。
- 地元マフィアによる記者襲撃を黙認した上、現場を離れる襲撃者を護送していた。
- あるデモ参加者は折れた歯が飛び顔面から流血するほど殴られた上で、警察によって地面に顔を押しつけられ、自分の流した血に頬を浸した。

- MTR葵芳（クワイフォン）駅の構内で催涙弾を発砲した。屋内での催涙弾の使用は人を窒息死させる恐れがあり、警察のガイドラインでも禁じられている。
- MTR太古（タイクー）駅での市民拘束に際し、多くの人がエスカレーターに追いこまれ、警察に蹴られた市民が転落した。かつての蘭桂芳（ランカイフォン）での将棋倒し事故のように多くの死傷者が出る恐れがあった。また構内では一メートルという至近距離からデモ参加者への発砲が行われた。
- 警察のスパイがデモ隊に紛れ込み、逮捕行動の際には前線のデモ参加者を制圧した。過去の衝突においても、デモ参加者を悪者に仕立て上げるための挑発を行っていた可能性が極めて高い。
- デモ隊と区別できる服装をして携帯電話で動画を配信していただけのある地域役員（社区主任）をセクハラの疑いで逮捕し、暴力的な取り調べを行った。

これ以上は詳しく述べないが、このほかにも人びとを激高させる多くの職権乱用事件があった。毎日のように暴力による抑圧を受け続ける香港人は、この惨劇にどう向きあえばよいのか。この血の債務を、林鄭月娥（キャリー・ラム）や香港政府、ブラック警察はいったいどう償うのだろうか。口では暴力を非難する政府高官や著名人たちは、いつまで警察の戦争犯罪行為から目を背け続けるのか。

若者は誰一人として、ゴム弾やビーンバッグ弾や催涙弾の前に立ちたいと望んでいるわけではない。戦いの現場には医師、弁護士など、さまざまな専門家もいる。あるいは食事や生理食塩水を手にしながら、香港のために貢献したいと気を揉んでいる人びともいる。砲煙弾雨の夏など誰も望んでいないが、香港存亡の危機と感じてみな自分の身の安全を度外視しているのだ。
この戦いは、政府やブラック警察が制度のなかで相応の罰を受け、権力へのチェック・アンド・バランスが実現されるその時まで続ける必要がある。この暗黒と腐敗を受け入れるなど誰にとっても論外だ。

出典　https://www.facebook.com/NathanLawKC/posts/1908435065974484

政府系メディアによる世論攻撃——中国のＳＮＳで僕がトレンド入り

二〇一九年八月一六日

フェイスブックとインスタグラムの僕のアカウントが、まる一日、国による規制の〝壁〟を越えてアクセスしてきた中国のネットユーザーによって集中攻撃された。分断と中傷を意図した大量の書き込みは、壁の中のユーザーにしか響かない内容ばかり。その背後では、じつは政府系のメディア（ＣＣＴＶ公式ウェイボー）が動いていて、僕の留学に関する話題がウェイボーのトレンド入りを果たした。

いったいなぜ彼らはこれほど熱心に僕を攻撃するのか？

まず現状における中国世論とそのターゲットについて説明したい。先日の空港占拠以降、中国共産党は国を挙げた世論形成を徹底し、香港の抗議デモを「中国VS香港」という図式に仕立て上げ、国内の民族意識をあおっている。芸能界や実業界の大物に立場を明らかにするよう求めるだけでなく、中国への敵意が読み取れるシーンだけを意図的に切り抜き編集することが戦略の一部となっている。人びとを対立させる世論形成にはストーリーの大きな枠組みが必要となる。抗議デモの背後に「黒幕」や「外国勢力」がいるということに仕立て上げ、前線の抵抗者と平和的なデモ参加者とを分断して攻撃対象を絞ろうとするのが、その戦略である。

僕は彼らが描くストーリーによく登場する。僕が「暴力をたきつけ」「他人をそそのかして前線に行かせている」などと言い、香港の抗議運動が「外国勢力に煽動されたカラー革命」であるとして中国国民の反発をあおっているのだ。実際の僕は一貫して非暴力の市民的不服従を主張する抵抗者であり、また留学は昨年末の時点で決まっていたことだ。いくつもの国際試験を受けて勝ち取った修士留学の期間は一年間。来年の立法会議員選挙までには、僕は必ず香港に戻ってくる。

自分のフェイスブックに中国のネットユーザーから大量の書き込みがあるというせっかくの機会なので、僕はぜひともこう伝えたい。「人を中傷する攻撃では、現在の膠着状態を打開することはできない。かえってより大きな人びとの対立をまねくだけだ」

今回の運動に「黒幕」はいない。これは、過去数年の香港政府の完全なる失政のために香港市民の自由が奪われ続けたことで起きた全面的な抵抗運動である。今回の運動は、どこまでも対等な話し合いと動員モデルによって実行されている。僕はこの運動のリーダーではないし、そもそもこの運動にリーダーはいない。これは香港の人びとが皆で共に導き合う抵抗闘争だ。

「香港独立」は運動の五大要求に含まれていないし、「真の普通選挙」は香港返還の際に中国共産党が約束したものである。相手に約束を果たすよう求めるのは、極めて正当な要求であると僕は信じる。これは「民衆同士の争い」でも「香港が中国に反抗する」のでもなく、「民衆が全体主義に抵抗する」闘いである。この闘いでは、中国の民衆も抵抗者の一翼を担うことができる。運動のスタンスが完全に合致する可能性はある。

僕はかつて雨傘運動に参加したことで収監された。制度の内と外で中国共産党の抑圧を受け続けてきた。事後の法解釈による議員資格の剥奪、香港空港での襲撃、たび重なる逮捕。僕の過去を知らないネット工作員の皆さんは、壁を越えることで利用可能になったグーグルやウィキペディアで調べてみてほしい。

僕を孤立させようと攻撃を続けたところで、運動の阻止や鎮静化にはまったく役に立たない。それはただ、この運動についての皆さんの理解をさらに歪ませて、香港や世界の事実とはかけ離れたものにするだけだ。せっかくファイアウォールの外の世界に来たのだから、もっといろいろな情報を見なければ割に合わないのでは?

以下の番組はとくにおすすめ
鏗鏘集（Hong Kong Connection）　https://www.rthk.hk/tv/dtt31/programme/hkcc
視点31（This Week）　https://www.rthk.hk/tv/dtt31/programme/thisweek2014

中国のネット工作員の皆さん、民主主義というのは良いものなのです。知っていましたか？　香港のネットユーザーの皆さん、中国の工作員の書き込みを見かけたら、そのことを彼らに教えてあげませんか？

出典　https://www.facebook.com/NathanLawKC/posts/1912449745573016

米上院公聴会での発言

二〇一九年九月二七日

本日、米国時間二六日朝、僕は五月に香港の状況について証言したのに続き、再び米議会の公聴会に招かれた。香港に関する公聴会は二週連続であり、かつて前例がない注目度である。ただし「香港人権・民主主義法〔香港の高度な自治についての検証を米国務省に義務づける法律〕」の制定に向けた勢いはあるものの、正式な法案可決までの道のりは長く、とくに上院議会での形勢は予断を許さない。現状のロビー活動を継続し、議題として注目を集め続けることの意義は大きい。

香港情勢が非常に不安定である今こそ、香港人の声を世界に届ける必要がある。香港人を孤立させず、その歩みを止めないために。

発言の要旨

- 法の支配と自治

——民衆の手によらない法律は、真の「法の支配」ではない。民衆によって構成されない政府は、真の自治政府ではない。

- 警察の暴力

――香港政府は一貫して警察による暴力の後ろに隠れており、動員されたマフィア組織の暴徒による抗議者や一般市民への無差別攻撃すら行われている。警察はそれを取り締まらず傍観した。

――逮捕された人びとは特別行政区の中でも大陸側の境界に近いあの悪名高い新屋嶺拘留センターに送られている。非常に辺鄙な場所にあり、一般市民はもちろん記者や弁護士ですら接触が難しく、残忍な行為が繰り返された。［虐待や性暴力の疑いがある］

――警察部隊には危険な考え方が蔓延している。暴力行為を罪悪感なく行うため、抗議者を非人格化して「ゴキブリ」や「オブジェクト」などと呼んでいる。抗議者への同情を抱かせないこのやり方は、ルワンダ虐殺の状況を思わせる。

・「香港人権・民主主義法案」への支持を求める

――「香港人権・民主主義法案」はすでに両院外交委員会の審議を通過し、次は上下両院の本会議で審議される。今回、各上院議員の支持を取りつけ、二一世紀最大の専制に向きあう香港を孤立させないようにしたい。

――僕は北京政府にこう指摘したい。「［一〇月一日に建国七十周年の］祝賀の歌声をどれほど響かせようと、人の心は買収できない。香港人は民主主義と自由のために奮闘を続ける」

――中国は世界に自らの勇気を示し、民衆への約束を果たすのか。それとも血なまぐさい弾圧を続け、自らの臆病さをあらわにするのか。自由世界全体が北京政府の選択を注視している。

――「香港人権・民主主義法案」には政府高官とその直系親族を対象とする制裁条項があり、香港の民主主義と自由を破壊する役人が制裁対象となる。高官の子供は多くが外国のパスポートを持ち、海外で暮らしているが、その両親は香港人が暮らす郷里を破壊している。

・全体主義の拡大をこれまで以上に警戒すべき

――中国共産党による弾圧は香港にとどまらず、ウイグル、チベット、台湾にも及び、さらには大陸内の大小さまざまな市民団体をも弾圧している。また「一帯一路」を通じて専制的な統治体制を世界に輸出している。

――中国共産党はネット世論や報道メディアをコントロールし、また偽アカウントやソーシャルメディアの広告までをも駆使して、香港の抗議者をスティグマ化している。このようなフェイクニュースやヘイトの拡散を防ぐ措置を取るよう、各ソーシャルメディアに望む。

・米議会に査察団の派遣を求める

――逮捕者が受けた残忍な扱いについては、しっかりと記録を残し、アメリカや国連の人権委員会に追跡調査を求める。

――米議会は後日、新屋嶺拘留センターでの残忍な扱いについて査察団を派遣することができる。

・香港の抗議者のための特別な入国資格を設け、今後のアメリカ入国に便宜を図ることを支持する。

出典　https://www.facebook.com/NathanLawKC/posts/1955099314641392

民衆への関心がない「愛国」

二〇一九年一一月二〇日

北米地区の大学を巡る講演活動は、すでにハーバード大学、マンハッタンビル大学、イェール大学ロースクール、ニューヨーク大学ロースクールの四カ所を終えた。関係各方面の尽力があり、とくに直近の二回は席の空きがないほどの盛況だった。イェール大学ロースクールの講演では一つの講堂では収容しきれないほどの人が集まり、ライブ配信を行う別会場を用意していただいた。ニューヨーク大学ではディスカッションの申し込みが定員の五倍を超え、入場できない方も多く出てしまった。香港問題への国際的な関心は依然として高く、生《なま》の一次情報やその分析を多くの人が望んでいるということだ。

一連の活動では、香港の現状をこちらから説明するだけでなく、異なる意見を理解するための双方向のコミュニケーションが重要になる。香港本土の運動への強い想いや、いわゆる「文明社会」では一線を越えたと認識される各種行為について、僕らのような在外香港人がデータや実体験に基づいて説明することで、このところの抗議運動のエスカレートにも海外の人びとの共感を得られる。制度上の問題として警察の暴力に対するチェック・アンド・バランスがまったく働かないことを説明すれば、市民が行動をエスカレートさせる動機やその期待される抑止効果についても、より深い聴衆の理解を得られる。

香港出身者の参加も重要である。昨夜のニューヨーク大学では、元朗（ユンロン）で生まれ育ったあるアメリカ定住者が涙ながらに訴えた。七月二一日の夜に発生した暴力事件〔白いシャツを着た親中派のマフィア集団が元朗駅でデモ参加者を含む市民多数を無差別に襲撃した事件〕は彼女の心に大きな暗い影を落としたという。自分の生まれ育った場所がどうして無法地帯になってしまったのかと心を痛めていた。次の瞬間に被害者となるのは自分の親しい友人かもしれないのだ。感情の上で、香港で起きている事柄から距離を取ることは僕らにはできない。今、香港にいないからこそ、より強く自分の無力を感じる。重要になるのは、海外の香港人コミュニティの団結と助け合いである。香港人のストーリーは分かりやすくはない。植民地時代最後の開放的な頃を懐かしむが、経済的には豊かでも自由は足りなかった。そのかつてあった足りない自由すら一つずつ奪われてしまう……。香港のストーリーは多層的に入り組み、かなり独特な部分もある。自分は孤独だと思いこみ心を閉ざす香港人が、周りにいる多くの戦友の存在を実感するためには、仲間内で固まることも重要になる。悲しみと憂いを分かち合えば、それは力になる。政治権力の横暴によって香港が壊されつつあるときにも自分の意志を貫き、努力を尽くす。そして再び香港を取り戻すときには、街に何か還元する。

一連の活動に関しては、一部の中国人学生による組織的なデモにも触れないわけにはいかない。過去四回のうち二つの会場で中国人留学生の動員が見られ、積極的に割り込んで発言する学生もいた。会場の外で抗議する学生たちは、「香港を混乱させる者たちが、中国と香港を中傷している」と主張していた。いったい誰が裏で糸を引いているのかは確定できない。学生が自発的にやっているのかもしれないし、そうではないのかもしれない。昨夜の会場で聞いた彼らの発言では、香港にいる中国人が第二次世界大戦中のユダヤ人にたとえられ、そして現在の抗議運動が文化大革命にたとえられた……。香港出身の聴衆は困惑のため息を漏らす。すぐに一人のユダヤ系アメリカ人から民主主義と自由を支持する旨の発言があり、その中国人学生のたとえは間接的に否定されたが、彼らの議論の中では、中国は永遠に抑圧される側の国であり、中国人は永遠に排斥され攻撃される対象だ。一方では夜郎自大でありながら、他方では弱者を自認しているのだ。強国を前にすると、いつも自らの「弱さ」を利用して人権や自由の抑圧を覆い隠し、国を守るためという名目でその抑圧を正当化する。封建時代の帝政から近代国家へと至る歴史の中で、最も学ぶべきは専制政治の排除である。天子の臣民とされ皇帝の家財であった民衆が、独立した個の存在に変わり、人としての尊厳と権利を獲得した。なぜ多くの愛国者は「愛国」という美名のもとに権力と利益をあがめるだけで、民衆が尊重されているかどうかに関心を払わないのか。民衆への関心がない「愛国」は、本当の「愛国」と言えるだろうか？

とはいえ、海外には多くの中国人留学生がいて、本国では得られない知識や理論を学んでいる。そこで大きな影響を受け、民主主義と自由の価値を心から信じるように変わり、香港人と同じ戦線に立って中国統治下における諸々の不正義に反対している。たとえピンクの愛国戦士（小粉紅）〔若い世代の民族主義者。完全に赤く染まってはいないという意味で「ピンクちゃん」と呼ばれる〕の攻勢がいかに激しいとしても、中国の海外留学生がすべて一枚岩だとの仮説は成り立たない。厳しい監視下でもなお一定の自主性はあって、それによって自らのスタンスや将来を決めている。一連の活動の最も大きな意義は、グレーゾーンにいて両方の勢力からアプローチされる学生たちが、話を聞き、分析し、直接接触する機会を得られる点にある。国の外で教育を受けて開明的になった中国人学生たちは、この閉ざされた国に多少なりとも変化をもたらすことができる。香港で起きている問題は、そもそも中国人と香港人の対立ではなく、全体主義に対する人びとの抵抗であり、そのストーリーは民主化へと続いている。中国政府が人びとを対立へと駆り立て続けるのなら、僕らは不断に構築される二元論的な対立を積極的に解消し、そこに少しでも協力や抵抗の可能性を見いだす必要がある。

あと二回の講演でも、引き続き節度ある深い議論が行われることを望む。そして香港にいるすべての仲間の無事と、一日も早い「光復」を心から祈念する。

出典　https://www.facebook.com/NathanLawKC/posts/2017548241729832

香港の国際的地位

二〇一九年一一月二〇日

香港政府は、米上院で可決された「香港人権・民主主義法」についてまたおかしな声明を出している。香港の国際的地位は、そもそも中国と国際社会が共同で維持しているものだ。つまり、一方では中国政府が香港に「高度な自治」を認めることで、香港が独自の経済的・政治的ロジックで運営され、その地位が中国側に利用されることはないと国際社会を納得させている。他方では(アメリカをはじめとする)国際社会が香港に十分な自治が認められているとの信用から、中国と香港を別々の経済体として扱い、まったく異なる経済的待遇を認めることで、「独立した経済体」としての香港が成り立っている。このため香港には米中貿易戦争や国際社会による対中経済制裁の影響は及ばず、その自由貿易港としての優位が維持されているのだ。

つまり、香港の国際的地位はそもそも「内政問題」ではなく、中国側の権力の制約と国際社会の監視によって成り立っている。もし中国が香港の自治を奪うような事態になれば、国際社会は強い反応を示すことになる。そうなれば、香港は独立した関税地域としての待遇を失い、正真正銘のグレーターベイエリア［広東省の九都市と香港、マカオからなる経済圏］として完全に中国に取り込まれてしまう。それ以降、国際社会は香港問題を論じる必要がなくなり、誰も望まない「攬炒《ラムチャウ》（死なばもろとも）」の破滅が始まる。

林鄭月娥（キャリー・ラム）と習近平は、崖っぷちへ向かって香港を運転しながら、ブレーキをかけろと言う人間をあべこべに非難している。これがおかしくなくて何なのか。

出典　https://www.facebook.com/NathanLawKC/posts/2018037975014192

羅冠聡出馬宣言——灯をともし、夜を進む

二〇二〇年六月一九日

「絶望が虚妄であるのは、希望が虚妄であるのと同じ」［ペテーフィ・シャーンドル／魯迅］

二〇一九年から二〇二〇年にかけての香港には、希望と絶望が目まぐるしく入り乱れた。まるで幻のような現実に、都市の息づかいと人の脈動が共鳴した。

デモ、抵抗運動、レノン・ウォール、獅子山（ライオンロック）、民主の女神像、光復香港、時代革命、五大要求、救急車両に割れる人海、岳義士［「岳」と書かれたシャツを着た学生が市民三名を助けて逮捕された］、梁凌

杰（マルコ・レオン）［二〇一九年六月一五日に転落死した社会運動家。逃亡犯条例改正案反対運動における最初の犠牲者］、香港理工大学の包囲、警察の職権濫用を告発する民間記者会見、海外での公聴会……。

この一年を少し振り返るだけで、すぐに多くのキーワードが思い浮かぶ。ひるまない眼差し、うつむく顔、革命カップルの抱擁、そして行方の分からない仲間たちが、僕らの脳裏を占拠する。

香港を自分の「家」だと考え、そこに暮らす香港人の一人ひとりが、この都市の未来を自分の未来に重ねたことで、運動はかつてない爆発を見せた。

香港人が自分たちの家のあるじとなり、この都市の現在と将来を決められるようになるその日まで、僕らは絶対に降伏しない。

あまりの現実に、爆発した怒り

二〇一六年の当選から毎日、僕は自分にこう言い聞かせた。「五万八一八票もの民意を託された代議士として、いかに困難な環境でも、いかに歪曲された専制的な議会であっても、必ずや市民の期待に応え、一歩たりとも引かない」と。

最年少の立法会議員という肩書きを背負った僕は、市民のために議会で働いた九カ月間、薄氷を踏む思いで歩みを進め、議論の場に新しい世代の居場所を確保すべく力を尽くした。ステレオタイプなイメージを壊し、若い気概と視点によって議論に臨んだ。

僕が議会で最初にした質問は、二〇四七年以降の香港の前途についてだった。

しかし、北京にとってはつねに「目の上のこぶ」であったから、政治的な抑圧を受けるのは自然な流れだった。北京政府は定められた手順を無視して一方的な法解釈を示し、それにより立法会の六つの議席を剥奪し、十八万票もの選挙民の信任を否定した。

以後、香港の政治運動はしばらく低迷期を迎え、雨傘運動や魚蛋革命（フィッシュボール革命）〔二〇一六年二月に起きた本土派（香港こそが自分たちの本土だと主張する若者中心の急進派）と警察の衝突。批判的な視点では「旺角騒乱」とも呼ばれる〕の抵抗者が相次いで投獄された。北京側は香港の抵抗運動が収まったと考えたはずである。

だが彼らの想像を超えたところで、最も覚醒した世代が二〇一九年に爆発した。

原理原則を守り、運動に身を投じる

この四年間、僕は自分の最適な立ち位置を探り、民主化運動にどう貢献すべきかを問い続けた。最も厳しい場所に身を置き、不正義に立ち向かう先駆けになるというのが、その答えだ。当選後に議員資格を剥奪され、刑務所に入り、修士課程に進学して国際的なロビー活動にも取り組む。その時々の立場は違うが、どの自分も同じ一人の羅冠聡である。

理念としても実践としても「水」になれば、街のあちこちに香港人が掲げる価値観を浸透させ、いたるところで不屈の花を美しく咲かすことができる。

民主派予備選への僕の出馬宣言に対する北京の反応は、容易に予想できる。資格剥奪や脅迫、あるいは国家安全法［二〇二〇年五月二八日に中国・全人代（国会に相当）が香港版の「国家安全法」を制定する方針を一方的に採択した］を利用した中国大陸での裁判をちらつかせるのだろう。

劉暁波［投獄中の二〇一〇年にノーベル平和賞を受賞するも、その後釈放されることなく二〇一七年に獄中死した］や李旺陽［中国湖南省の民主活動家。拷問により視力と聴力を奪われ、二〇一二年に謎の死を遂げるも当局は自殺と断定］をはじめとする先人の例から分かるように、中国大陸の人権活動家は凄惨な最期を迎えている。

天地を裂くような嵐の前兆はたしかに感じる。

恐怖にうろたえる気持ちは誰にでもある。この宣言を書きながら、僕の両手は震えている。頭は混乱し、眉間のしわは寄りっぱなしだ。

それでも僕の心は変わらない。海のように澄み、岩のように固い。

僕は信じる。焼け野こそが大きな果実を生み、嵐こそが活力を呼び、危難こそが人を強くすると。

香港人は、最後に奇跡を起こす。僕らは隷従し続けることを望まない。旗を掲げれば同志は現れる。

流星が蒼天を裂き、長い夜に光が差す

議会に復帰できるのか、あるいは北京が世界に恥をさらす機会となるのか。この選挙が原動力となり、公正や正義についての社会的な議論が喚起され、そして未来への希望が生まれることを僕は望んでいる。

希望は民衆の側にあり、変化は抵抗から始まる。

向こうが法律を後ろ盾にするなら、こちらは道理のために先駆けとなる。

僕は一生をかけて、香港の正義のために貢献したい。鍋底［立法会ビルの下］での再会を果たし、固く抱擁し、先に旅立った仲間を涙と笑い声で送別し、高らかに歌いながら香港人の「家」としての香港を迎えられる日は必ず来る。

出典　https://www.facebook.com/NathanLawKC/posts/2243958445755476

民主派予備選――破局のカギ、国家安全法にあらがう第一歩

二〇二〇年六月二六日

「国家安全法」［「国安法」と略す。香港版の法律名は「国家安全維持法」］が来週火曜日に全国人民代表大会常務委員会で可決される見込みであり、香港は正式に「一国一制度」の時代を迎える。

民主化運動の息の根を止める「国家安全法」

「国家安全法」がどのように運用されるのかを予想するためには、まず北京側から見た立法の背景と

期待される効果を明らかにする必要がある。最近の対外プロパガンダ、あるいはメディア対応における北京高官の基本姿勢は、「国家安全法」がこの一年の抗議デモに対応し、「光復香港（香港を取り戻せ）」「香港独立」といった分離主義的なスローガンや政治スタンスに対処するものだとする見解で一貫している。北京側はテロリズムの兆しがあると決めつけて暴力行為を厳しく非難しているが、現行の法律だけでも、適用のハードルが極めて低い「暴動罪」などによる対処が十分に可能であるため、北京政府がわざわざ法律を作る必要性はまったく見当たらない。

つまり、国家安全法は明らかに「政治的な立法」である。ターゲットは「暴力犯罪」ではなく「政治犯罪」であり、逮捕された者はこの一年の「特殊な状況」について責任を負わされる。北京側は「特別な事態には特別な方法で対処する」との言葉どおり、街頭での行動や呼びかけを厳格迅速に撲滅するつもりだろう。国家安全法の成立後、当面のあいだは攻撃対象を絞り、一部の名の知れた活動家やしばしば御用メディアで名指しされる者をターゲットとして、運動の「隠れたリーダー」に仕立て上げるだろう（この運動がリーダー不在の「流水革命」であるにもかかわらず）。そうすることで立法、法の執行から目的の達成へとつながるストーリーを描き、また一部を見せしめにして恐怖を植えつけようとする。

その後は、教育、メディア、文化芸術などの面で文革式の批判闘争が起こり、悪法もあいまって白色テロや自己検閲が促される。現在の各大手メディア上層部の激震や教育界における声を上げる教職員の排除などは、いずれもその大局の中の出来事であり、それにより社会の監視能力が失われ、人びとの危機意識は保身に変わり、抵抗をやめてしまう。

そして国際社会の注目度が下がり、抵抗運動が形成されなくなれば、北京政府は大規模な報復と政治的粛正を行えるようになる。そうなれば、最前線ではなく、法に触れるか触れないかのギリギリのところで活動してきた人びとも絶え間ない脅しや事情聴取の対象となり、少しでも反抗するそぶりを見せれば即座に逮捕されかねない。こうして中国共産党による香港支配が完成する。

資格剥奪の前に民意を示す唯一の機会

今、全体主義の到来と向きあう香港人は、もちろん座して死を待つことなどできない。——これは僕たちが予備選［立法会議員選挙の立候補者調整のために民主派だけで行う民間の選挙］に参加する理由である。だが、多くの人は疑問に思っているかもしれない。「民主派で過半数の三十五議席以上を取るという目標は現実的ではないし、国家安全法を可決した中国共産党はこれまで以上に立候補者の資格剥奪を徹底するだろう。候補者を投獄することすらあり得る。今すべきことは抵抗闘争であり、予備選どころか選挙の意義すら失われている」と。

しかし、予備選に出る多くの候補者は、資格剥奪のリスクが極めて高いことを知りながら、どうしてこれほどの時間と労力を費やし、神経をすり減らしながらも予備選に身を投じるのか。それは、今回の予備選が通常の意味における選挙とはまったく異なるものだと、僕らが信じているからだ。香港がまだ国際的な注目を集めているなか、国家安全法が成立したこのタイミングは、香港人が世界に向けて真の民意を示し、民主派の代表者が議会や国際舞台において今後どのような路線で中国共産党に対抗するのかを選択できる最後の機会である。民意の裏付けを得た候補者に対して資格剥奪や投獄を行えば、北京はこれまで以上に民意の反発を受け、国際的な圧力に晒される。

中国共産党はすでに香港人が平和的にデモや集会を行う権利を否定している。そんな中、予備選で投じられる一票、そして民意を託されながら立候補資格を剥奪される多くの候補者は、破局のカギとなる可能性がある。

路線を定め、団結してあらがう

この一年の抵抗闘争を振り返ると、まず「逃亡犯条例」の改正問題で二〇〇万人もの香港人が街頭へと繰り出した。これには、当時の民主派が団結しており、穏健派と急進派の双方に共通する主張がなされていたことが大きく関係している。考え方の異なるさまざまな社会階層の人びとが互いに助け合い、団結して中国共産党にあらがうことができた。この一年来の香港人の闘争は、世界を震撼させた。

一年後、中国共産党は「国家安全法」を強要してきた。もちろん、多くの香港人は「国家安全法」が「逃亡犯条例」の何倍も深刻な問題であることを知っている。だが、一つには、政府当局や警察による街頭運動への抑圧や暴力がますますエスカレートしており、実際には武力弾圧に等しい状況であるために、街頭での活動に人が集まらない。二つ目には、民主派内部の分派傾向が国家安全法の到来に伴って顕在化しており、同法に対する民主派陣営の戦略や基本的な考えが統一されていない。これは、国家安全法に直面する香港人が無力感を深める一因でもある。

事実として、民主派内部における意見の対立は珍しいことではない。民主的な社会であれば、この種の穏健派と急進派の対立は当たり前のことである。しかし、香港の現状は明らかに一般の民主主義社会とは異なる。全体主義の脅威が迫るなか、僕らは超えてはならないレッドラインを把握しながら、少なくとも世論の上では、香港に直接干渉する中国共産党に対してしっかりと反撃する必要がある。ただそれと同時に、ここで言うところの団結が単に「同じ方向を向くための団結」に過ぎず、発言力のある誰かが「団結」の中身を決めてしまうのであれば、その団結は打たれ弱く、すぐにもろく崩れ去ってしまう。

したがって、本当の意味で民主派の路線をまとめ上げ、この歴史的瞬間における民主派全体のスタンスを決める方法は、完全に有権者主導で行われる予備選しかない。この予備選の主役は、呼びかけ人の戴耀廷（ベニー・タイ）や各候補者ではなく、この最後の機会を逃さずに、当局による審査や事前のふるい分けのない選挙で自らの意志を表明する香港人である。もし香港人が自分からこの機会を放棄してしまい、抵抗の意志はあっても出馬や投票を行わないならば、今後、国際社会に対して「抵抗」こそが香港人の主流の考え方であると説明するのは難しくなる。そうなってしまえば、中国共産党がこれら候補者の資格剥奪や投獄を行うとしても、政治的コストを必要としないことになる。国際的な活動も行き詰まってしまうだろう。

「国家安全法」の成立を間近に控え、民主派の陣営内でも同法への態度はさまざまである。条文の細部にこだわり、実際の法律を見てから判断しようとする者もいれば、立法の手順を問題視し、香港基本法の第二十三条に基づいて香港側が自ら立法すべきだと考える者もいる。妥協の余地などなく、徹底的に抵抗すべきだと主張する者もいる。香港人は、これらの路線について歴史的な選択を迫られている。宥和か、妥協か、それとも全力で抵抗し、徹底的にやり合うのか。その選択こそ、民主派が予備選を行う真の意義である。

今日、アメリカでは「香港自治法案」が上院を通過し、下院でも緊急の聴聞会が開かれ「国家安全法」の問題が議論される。諸外国の政府や社会が「国家安全法」の問題にどのような態度を取るのかについては、国際政治やそれぞれの国の利害などが考慮されるだけでなく、香港人自身の反応や態度も同じように重要な要素となる。

だから是非、七月一一日と一二日に行われる民主派の予備選を全力で宣伝してほしい。まだ発言できるこの機会を逃さず、次に来る香港の抵抗運動の波を最大限の民意で支えるために。

出典　https://www.facebook.com/NathanLawKC/posts/2251506115000709

デモシストからの脱退宣言

二〇二〇年六月三〇日

デモシスト（香港衆志）の結党は二〇一六年四月のことだった。僕は結党時の党首として、仲間と共に時代の試練に立ち向かった。この四年間、数々の苦難に見舞われたが、いつも団結して前を向き、最初の志を忘れたことはない。

だが国家安全法の下で香港に血なまぐさい文革の波が起これば、香港人は発言や思想によって罪に問われ、軽くても三年の拘禁、重ければ政治犯専用の拘置所で拷問されたあげく身柄を中国大陸へ送られるかもしれない。恐怖に神経が張りつめる。最前線に立つ政治活動家の危険は大きく、この情勢下では自分の身の安全を確保できるかも分からない。

この時代の転換点に、どうやって柔軟に対応し、守勢を攻勢へと転じさせるのか。僕ら一人ひとりの知恵と決意が試されている。巨大な変化が迫っているが、むやみに絶望し、軽々しく諦めてはならない。自分ができることを探り、持ち場を見つけて、時代と共に歩む必要がある。香港人の抵抗の闘いがやむことはない。これまで以上に毅然と続けるのみである。

ここに僕は政党デモシストからの脱退を宣言する。今後の抵抗運動は個人の名において継続する。「君の自由への思いは、何にも止められない」［許巍「藍蓮花」より］

最後の瞬間まで自分の街を守る。皆の無事を願う。

出典　https://www.facebook.com/NathanLawKC/posts/2255424217942232

国家安全法の条文を読む

二〇二〇年七月一日

未明に、国家安全法の条文を読んだ［施行当日まで内容は非公開だった］。かなり広い範囲のことが網羅されている。たとえば制裁の呼びかけや、政権への「憎悪」を引き起こすような行為は、最悪の場合、終身刑となる可能性がある。自由を胸に抱く香港人ならば、誰もが中共の仕組んだ法の網にかかってしまいそうだ。

抵抗闘争の戦場の中でも、中国共産党がとくに憎々しく思っているのが国際戦線である。抵抗者たちの勇気と努力が人びとの心を動かし、全世界が中国に疑いの目を向け始めるというパラダイムシフトを起こしたからだ。ウイグルや香港での人権侵害の問題に国際社会からこれまで以上に厳しい目が向けられ、中国共産党の責任を問い、是正を促すさまざまな措置が実行されている。

しかし、もし僕らが国際舞台から姿を消してしまえば、香港の抵抗闘争はこれまで以上に受け身になってしまう。また国際社会も、中国共産党の権威主義体制の実態をうかがい知ることのできる貴重な窓口を一つ失う。

そのため僕は、国家安全法施行の翌日に、アメリカ連邦議会外交問題委員会の公聴会にオンラインで出席し、同法による「法の支配」と制度の破壊について証言する。国家安全法により一国二制度が死んでしまうというのは、世界の共通認識である。この新たな局面において香港人がどのように身を処し、抵抗の心を抱き続けるのか。世界が注目している。

今回の公聴会の内容は国家安全法の施行前の分析に沿ったものになるが、中英共同宣言で約束された一国二制度を一方的に破壊することは絶対に認められない。また、うわべだけの「高度な自治」を隠れ蓑として経済的、政治的な利益を得ようとする行為も許されない。国際社会は中国共産党による人権侵害の問題について監視措置を講じるべきである。

ここでも繰り返し述べておくが、国際社会が中国共産党に何らかの制裁を加えるとしても、それは自らが招いた結果である。誰かのロビー活動によって創出されたものではない。僕の責任であるのは、政治的な受難者であり普遍的価値観を持った一人の香港人という視点から、目の前にある香港の厳しい人権状況について評価を行うことだ。

現在のこのタイミングで公聴会に出席することには、正直、それなりのリスクがある。僕の証言がいかに国際的な感覚と合致し、外交的にまっとうなロジックであるとしても、それを口実に国家安全法によって罪人に仕立て上げられる可能性はある。僕はただ世界の人びとに真実の声が届き、香港への支援が継続されることを願う。
今日、街頭へ繰り出した香港人の一人ひとりに感謝する。街頭から、議会から、国際社会から、そして地域から、兄弟たちは同じ山の頂を目指している。僕らにはそれぞれの学びと成長があり、そして挑戦がある。「光復」という一つの目標に向け、自分の長所を生かしながら、止まることなく前に進んでいきたい。

出典　https://www.facebook.com/NathanLawKC/posts/2256493961168591

二〇二〇年七月二日

米公聴会での証言

今まででいちばん長い三時間半の公聴会だった。
この混乱した時代にあっても真実を語り続ける。関係各位に感謝。

［立場新聞より］

羅冠聡氏は、多くの市民が十年以上拘禁されるリスクを冒しながら香港版国家安全法に反対する街頭デモに参加したことを指摘した。証言中、広東語で「光復香港、時代革命、五大訴求、缺一不可(香港を取り戻せ、時代の革命だ。五つの要求は一つも譲らない)」と呼びかける場面があった。また同氏は、国家安全法の条文にある「憎悪」の文言が曖昧であるため当局が容易に乱用できること、担当裁判官が中国共産党によって選ばれること、通信傍受の許可権限と国家機密を定義する権限を行政長官が併せ持つことなどを批判し、これではあたかも絶対権力を持つかのようであり、中英共同宣言の「一国二制度」に明らかに違反していると強調した。さらに、中国共産党に狙われて命の危険がある活動家を政治的に庇護する必要があるとの考えを示し、すでに自分や黄之鋒（ジョシュア・ウォン）、黎智英（ジミー・ライ）といった人物に限った話ではなく、香港全体の存亡にかかわる問題になっていると指摘。国際社会は香港が平常どおりであるかのように装うべきではないと訴えた。

出典　https://www.facebook.com/NathanLawKC/posts/2257008917783762

予備選不出馬について

二〇二〇年七月八日

［動画メッセージより］

香港を離れてから初めて近況をお伝えします。このところ多くの香港人にご心配をいただいており、動画を撮って自分の言葉で直接お伝えすることにしました。現在、僕は安全な状態です。気にかけていただきありがとうございます。

この機会に、二つのことを呼びかけたいと思います。

一つは、今週末の予備選挙に必ず足を運んでいただきたいということ。

もう一つは、僕は今回の民主派の予備選には出馬しないため、僕を支持して下さる香港島の有権者の皆さんには、是非、袁嘉蔚（ティファニー・ユン）への投票をお願いしたいということ。

香港で抵抗運動に身を投じることは、僕の人生の志です。しかし事態の移り変わりは速く、情勢は一変しています。僕は、これまで国際戦線で勝ち取った成果を守り、それを継続させるために、香港を離れることに決めました。議会に復帰する術はないということです。

故郷を離れるというのは苦しい決断です。しかし、街頭、議会、国際社会という三つの戦線は一つも欠くことができず、そして議会にも徹底的に戦う人材が必要です。香港島選挙区では、僕はその役目を袁嘉蔚に託したいと思います。彼女を信頼して下さい。

かつての港湾ストライキ、新界東北開発計画への反対運動、雨傘運動、そして去年の区議会選挙では十二年間議席を守ってきた保皇党〔守旧派〕の候補を破るなど、抵抗闘争における彼女の信念と粘り強さは、必ずや皆さんの支持と信頼に値するはずです。議会の情勢は、今後ますます困難になると予想されます。香港は、彼女のように強い意志を持った抗争派を必要としているのです。

七月一一日と一二日、皆さん是非、香港人の不屈の輝きを、投票によって再び世界に示しましょう。

最後に、この言葉を言わせて下さい。

光復香港　時代革命　（香港を取り戻せ　時代の革命だ）

五大訴求　缺一不可　（五つの要求は　一つも譲らない）

出典　https://www.facebook.com/watch/?v=643711076352607

水のように、変化する状況に合わせる

二〇二〇年七月一三日

あの日、バックパックを背負った僕は、小さめのキャリーバッグを引いて機内へと乗り込み、まだ知らぬ未来へと飛び立った。

目的地は、ロンドン。

＊　＊　＊

機体はゆっくりと降下を始める。どこまでも雲はなく、緑の野原とそして背丈のそろわない建物が並ぶ。上空から見ると、市街地の喧騒と街から外れた荒野との距離はこんなにも近い。

知らない土地に足を踏み入れ、人生の新たな段階に考えを巡らす。これから進むべき道は分からないことばかりだ。

たとえ個人の選択であっても、人は多かれ少なかれその裏でもっと広範囲のことを考えている。人生は、自分のためだけに生きるものではない。この決断もそうだ。

このところ目立つような行動は控えていた。どのような道筋があり、どの程度の危険があるのかを把握してから、次のことを考えたかった。僕がこれからも国際戦線で香港の抵抗運動を続け、真実を語り

続けるということを、今日ここに中国共産党に対して表明する。

香港を離れると決めたときは、将来について考える余裕などなかった。もしかすると香港人は皆、激動する政局のせいで想像力や計画力を失っているのかもしれない。次にデモに参加できるのがいつなのか、裁判で有罪になり刑務所に入れられるのかどうか、そんな目の前のことすら予想できない中で、どうやって自分の将来を考えればよいのだろう。

水のように、変化する状況に合わせるしかない。その中で最適な持ち場を見つければ、それが生きる望みになる。

この間も、僕の部屋にはいろいろと来客があった。ひそかな訪問もあれば、そうでない場合もあるが、いずれにせよある一つの事柄がはっきりと分かる。「香港人は諦めない」ということだ。目覚めた香港人なら誰もが知っている。自分たちはばらばらではない。同じ一つの戦いで展開されるそれぞれの戦線で、最も危険な新たな戦況に立ち向かう準備はできている。

ありがたいことに多くの方から祝福のメッセージをいただいているが、まだ先は長く、二十七歳になった今日も深い霧の中にいる。もともと自分の誕生日を祝う習慣はなかったが、三年前、この日が劉暁波先生の命日になってからは、なおさらそんな気持ちになれない。

香港の平穏と、香港人の無事とが、今の最大の願いだ。

出典　https://www.facebook.com/NathanLawKC/posts/2268538096630844

無題——劉暁波先生の逝去から三年

二〇二〇年七月二七日

二〇一七年七月一四日のことは覚えている。あれは政府から議員資格剥奪を宣告された日であり、僕の二十四歳の誕生日の翌日でもあった。その日のことは決して忘れない——同じ日に、劉暁波先生の逝去を知った。資格剥奪についての会見の席で、偉大な先人を悼み、今後、自分の誕生日を派手に祝うことはしないと僕は誓った。それは取るに足らない自分の中での小さな変化であり、政治の大局にはまったく関係がない。だが、その小さな一歩は、僕の原点がどこにあるのかを教えてくれる。人が生きていく上で何かを守り続けることは、自らの魂と信念を鍛え上げる大切な要素となる。

今年の誕生日に劉暁波先生の『終末の生き残りの独白（末日倖存者的独白）』〔日本未訳〕を読み終えてこの詩を書いた。作中に記された懺悔のような赤裸々な自己弁明の告白に触発されている。

＊　＊　＊

無題

広場や通りに文字が踊り　学生や教員は力の限り
魂は不滅か　日のまた昇る意味は何か
いつまで自由を待つのか

退去しないのかとあなたが問う　誰が好んで断頭台に残る
僕にもう熱い血はなくても　それでも望むあなたの愛を
夢のなか最期へと駆ける

天にもしあなたの星があれば
不安な心も堕ちはしない
生き残りを悔いることなく　合わせた両手をほどく
乱れた時世に　僕の独白が自由を取り戻す

どこにもない英雄の演壇　隠された悲しみの凄惨
歴史を覆う帳　理想をどこか葬り

残る語り部が独り

式典の空席　誰の髪にまとわり
窓の鉄格子の周り　幾多のひび割れが残り
思い馳せる遠いどこかに　あらがえぬ内なる不安に
締めつけられる喉　敵のいない変転の世

天にもしあなたの星があれば
不安な心も堕ちはしない
生き残りを悔いることなく　震えた両手をほどく
乱れた時世に　僕の独白と自由を取り戻す

長安の街は　はたして長き安寧か　百年の苦難か
ゆらめく星か　漆黒の瞳か
一夜の狂騒と引き換えた　世紀の哀歌

二〇二〇年七月一三日　羅冠聡

出典　https://www.patreon.com/posts/chuang-zuo-wu-ti-39758372

米ニューズウィーク誌インタビュー「なぜイギリスを選んだのか」

二〇二〇年七月二八日

今回、アメリカ・ニューズウィーク誌のインタビューで、ほぼすべての記者から聞かれるこの質問に答えた。

「なぜイギリスを選んだのか」

この問いの前提にあるのは「中国に対して必ずしも強硬な姿勢を示すわけではないイギリスに来て、はたして意味があるのか」「以前、イェール大学に留学していたのだから、アメリカへ行くのが順当では」という二つの疑問だ。

実のところ、イギリスに来たことには、それ自体にとても大きな意義がある。今年初めの段階では、まだファーウェイ（華為）の使用を続けると言っていたイギリス政府が、半年後、各方面からの圧力によって5G通信網整備から同社を排除すると方針を変えたように、現在、イギリス政治は激変のただ中にある。

ファーウェイ排除に象徴されるように、この半年間、イギリスの対中政策には劇的な大転換があった。十年続いた中英友好の「黄金期」は、新型コロナウイルス感染症や香港の抗議デモといった諸々の問題によって、すでに過去のものとなった。

その代わりとして登場したのは、全面的な「中国への疑念」である。しかも、この転換はダウニング街一〇番地の官邸が主導したものではなく、政治状況全体の移行である。保守党のバックベンチャー（議場の後方席にいる平議員）などは、政府以上に対中強硬姿勢に転じている。

この歴史の転換点に、迫害された政治活動家がイギリスへ渡ることは、さらなる警鐘となる。中国共産党の「専制主義の脅威」の生きた証拠として、香港問題についての政界の危機意識を高めることができる。

この一年、対中強硬論はおもに「米中対立」の文脈で語られてきたが、今回、僕がイギリスへ渡ったのは、その議論をさらに広げるためであり、イギリスから欧州全体へ、さらには日本や韓国、インドなどのアジアの民主主義国をも取り込んだ、「民主主義の価値観を守り、権威主義の拡大にあらがう」共同戦線を築くためである。

これまでの一年間、アメリカ国内で対中強硬の政治的コンセンサスを促してきた取り組みと比べても、今回の任務はさらに困難を伴うが、その分だけ必要性も高い。僕らがよく知っているように、もし民主国家の足並みがそろわなければ、中国はその破綻をめざとく見つけ、それを頼みとしてウイグルや香港の人権問題を無視し続ける。

つまり、対中強硬の共同戦線を実現しようと思えば、価値観を中心として足並みをそろえるよりほかに方法がない。この種の転換は、まずイギリスを起点とし、EU、フランスへと徐々に浸透させ、さらには親中で知られるドイツの立場をも変えて、制裁支持へと転じさせる。ファイブアイズへの参加が取り沙汰される日本からも、避難する香港人の受け入れに関する話が聞こえてくる。

このように、イギリスへ渡るという選択には、議論を広げ、国際的な参加を促し、共同戦線を展開するという意義がある。また香港に関する話題について、国家安全法の施行（七月一日）から立法会選挙の候補者指名、立候補資格の剥奪（七月末、八月初め）までを関連づけることにも成功している。すべてにおいて綿密に計画するからこそ想定以上の効果も生まれる。だが、思いもよらないきっかけもある。このタイミングでポンペオ米国務長官が訪英し、しかも香港情勢の生《なま》の情報を得るために僕と単独で会見するなど、いったい誰が予想し得ただろう。何かことを図るのは人間でも、それを成功させるのは天である。心に悔いを残さず、できる限りを尽くせば、ゆっくりとでも結果はついてくる。

出典　https://www.patreon.com/posts/jing-hua-mei-guo-39782918

十二人の資格剥奪から考える十のこと――情勢、見通し、目標

二〇二〇年七月三〇日

一、今日、民主派・本土派の候補者十二人の立候補資格が剥奪された。広範囲の資格剥奪であり、そのハードルは低く、国家安全法に明確に反対するか、あるいは過去に国外でのロビー活動に少しでも関わった経験があればその対象となるらしい。つまり、民主派の候補者はそのほとんどが資格を取り消される可能性がある。

二、したがって今後も資格剥奪は続くと考えられる。今日の十二人は第一波に過ぎないのだろう。中国共産党が立候補を認める範囲がこれほど急に狭まったことに、少し驚かされる。「香港議会の全人代化」が宣言されたに等しく、一国二制度という「見せかけ」さえ取り払われている。

三、ここ数日、立法会選挙延期の気配もあるが、まだ最終的にどうなるかは分からない。政府側は状況を見定めているのだろう。延期となれば、立候補資格を剥奪された陣営は選挙費の公費負担分を受け取ることができない。建制派［体制派］の選挙費は公金で精算される。延期されなければ、民主派は国家安全法に表だって反対してない数十人の「影武者」を見つけなければならないが、容易なこ

とではない。

四、多くの抗争派〔民主派の急進勢力〕が過半数を目指して選挙運動に取り組んでいたのは、香港の悪化を「加速」させることで、「破局」や危機の誘発を狙ったものだ〔立法会で過半数を取得した後、政府予算案を否決して行政長官を辞任に追い込むことにより民主派への弾圧を加速させ、その弾圧を呼び水として、西側諸国が対中制裁を行うことを期待する「攬炒十歩」という戦略が戴耀廷によって提唱されていた〕。しかし、政府は明らかに自ら加速を繰り返しており、そのスピードは僕らの想像を超えてしまっている。憲法制度の危機、臨時立法会、議会の全人代化といった流れは、もともとは議会で過半数を取って予算案を否決することで生じると想定されていたが、北京の「総加速師」〔国家崩壊を加速させる元締め＝現国家主席〕の手によって選挙前に実現してしまった。ひそかに破局を狙っていた候補者にとっては、最悪の事態ではないのかもしれない。

五、問題となるのは、政治的な発信の場であり人集めの動力源であった選挙がなくなり、しかもコロナ禍で三人以上集まることが制限される中で、政治運動の動員力をどう回復させるのかである。「芽のうちに摘まれてしまう」危機的な状況で、各陣営の粘り強さと想像力が試されている。

六、これ以後の選挙については、やはり「隠れ黄色派」の出馬は必要だと思う。ただし、何人当選したとか投票率がどの程度だといったことは、すでに重要ではない。政権はこれまで以上に自らの正当性を毀損しており、政治的リソースや発言権のために出馬するとしても、全体で三十五議席以上の過半数を取るといった理想は描かない。「茶番」にすぎないのだから、運動としてそこまで力を入れるべきではない。

七、国家安全法の施行、一斉逮捕、そして今日始まった狂乱の資格剥奪。恐怖心をあおることで、香港の抵抗を短期間で抑え込もうとする中国共産党の意図は明白である。習近平の視点で考えれば、短期的にダメージは受けても、その後は香港問題に関する報告が自分のところに上がって来ないようにしたいのだろう。目の上のこぶを取り除きたいのだ。だが明らかに、中国共産党の官僚たちは香港人の特性をまったく分かっていない。誤った判断を重ね、自らを破滅へと追い込んでいる。

八、だからといって僕は、短期的な状況をむやみに楽観視すべきだとは考えない。現在の勢いからすれば、中国共産党には当面のあいだ世界の列強と渡り合う余力があり、すぐには「戦狼外交」の姿勢を崩さない。香港という極めて重要な陣地においても一歩も引かないだろう。腰を据えてじっくり取り組むしかない。

九、この最大の困難の中で僕らにできるのは、用心をしながら、それぞれの持ち場で努力を続けることだ。国際社会における中国共産党の権威主義の拡大を抑え、悪行の資金源を減らすべく、僕は香港人の声を拡散させ、香港に害を為す役人や選挙担当者への制裁を呼びかけ、そして「大ボス」に挑み続ける。

十、最後に、重ねて述べておきたい。僕が国際舞台で行うアドボカシー活動（提言活動）やロビー活動は、すべて個人の身分で、個人の活動として行っている。僕は香港に在住するいかなる人物とも協力関係になく、僕の活動に協力する香港在住者は存在しないし、また僕はいかなる政治的なつながりも持たない。香港政府が海外での僕の行為について他者を罪に問うことは不可能である。

出典　https://www.facebook.com/NathanLawKC/posts/2285422721609048

指名手配——香港を愛しすぎることは罪なのか

二〇二〇年八月一日

多くの香港人と同様に、僕も、自分を含む六人の在外香港人が「国家安全法」によって指名手配されることをメディアの報道で知った。自分の「罪名」が何であるのかはまったく分からないし、それが重要なことだとも思わない。罪を着せる口実はいくらでもあるのだから。あるいは僕があまりに香港を愛しすぎたことが罪なのかもしれない。

二〇一四年以来、いくつもの波があった。学生運動のリーダーから立法会議員となり、そして刑務所に収監され、国際的なロビー活動にも取り組んだ。僕は香港人の価値観や民主主義への切なる望みを一瞬たりとも放棄したことがない。六年前のまだ顔つきも幼い僕には、中国共産党が香港をすっかり破壊した二〇二〇年という時空があり、自分がはるか遠い場所で帰るあてもなく暮らすことになるとは、とても信じられないだろう。

香港を離れる時点ですでに海外へ亡命するつもりではいたが、それが目の前の現実になると、やはり喪失感とやるせなさがあり、そして恐れを感じる。国家という権力機関に相対して、まったく恐れずにいられる人などいないはずだ。しかし、恐怖にどう対処するかは自分で選ぶことができる。僕は行動によって向きあう道を選んだ。香港には民主主義と自治が必要であると一貫して主張し、また、人権を侵害する中国・香港の役人には外からの制裁が必要であり、国際社会はウイグルの再教育収容所や香港の自治崩壊などの現状に積極的に対応すべきだと主張してきた。これらが罪に問われて指名手配されるとしても、僕は自分の行動を変えるつもりはない。

一連の逮捕や資格剥奪、そして指名手配は、国際舞台での活動の必要性を裏付ける。この程度の控えめな主張すら受け入れられないのだから、中国共産党による香港支配の理不尽さが際立つ。僕は香港を愛している。香港の土地を、文化を、雰囲気を愛している。だが、それ以上に愛してやまないのは香港人の価値観であり、その土地に根を下ろして生きる人びとの未来だ。それは僕個人の栄辱や損得をはるかに超えたものであり、これからの長い漂泊という代償を、僕は進んで受け入れたい。

これからも僕は自分のソーシャルメディアの更新を続ける。同じように、多くの人に白色テロへの抵抗を続けてほしい。自分で限界を決めたりせず、まだ一定の言論の自由が残る場所を簡単には諦めないでほしい。また繰り返しになるが、僕の海外における活動はすべて個人的なものであり、いかなる者とも政治的なつながりを持たない。また、その活動に対する報酬や何らかの利益提供は受けていない。香港を離れてからは肉親とも連絡を取っていないが、ここに正式に関係を断ち、今後も一切連絡しないことを表明する。

僕は自分の身の安全を最大限に確保しているので安心してほしい。道は果てしないが、希望の兆しはある。

出典　https://www.facebook.com/NathanLawKC/posts/2286758304808823

第二部

国安法の時代のはじまり

——低迷と希望

国際舞台で活動する上での心構え

二〇二〇年八月九日

友人から「国際的な連携のための活動をどのように進めればいいのか」「注意すべきことは何か」と個人的に聞かれることが多い。

運動に取り組む人の立場はそれぞれなので、担うべき役割にも当然ながら違いがある。民間外交や、香港の抗議運動への国際的な支援を広めるための取り組み全般についても同じことがいえる。この一年間、「同じ山の頂を目指す兄弟たちがそれぞれ努力する」という精神が、国際戦線のいたるところで花を咲かせてきた。地域に根ざした香港人の組織もあれば、もっぱら政治の中枢で働きかけを続けるチームもある。

混沌とした政治の世界で前進し続けようとする誰かの原動力になるかもしれないとの思いから、数年にわたる活動のなかで僕が経験してきたことを以下にまとめてみる。海外で活動し、あまりなじみのない環境や文化に向きあうとき、とくに重要なのはひとりの人間としての素養である。

一、謙虚であり続ける

多くの人は、トランプやドゥテルテ〔当時のフィリピン大統領〕のようなかなり極端な発言をする政治家が人気を博しているのを目の当たりにして、やはり注目や支持を集めるには彼らのような歯に衣着せぬ刺々しさが必要なのだと感じてしまうかもしれない。

しかし本来の政治とは、自分が属する党派の利益や名声を追求するのではなく、いかにして考えの異なる人びとの間にコンセンサスを構築するのかを考え、それぞれが何を必要としているのかを理解し、そして全体の利益を最も効率的に高めようとするものだ。そうすることで、誰もが自分は疎外されていないと感じられる。

この段階の政治活動で重要なのは「理解」である。傲慢さが際立つタイプの人間は、豊かな共感を抱くことが難しい。自分の生まれ故郷で政治に取り組むときもそうだが、海外で活動するなら、文化的な背景や個々人の立場も異なるため、謙虚に学ぶことが必須となる。いつも無条件で支えてくれる味方などいないのだから。

相手との付き合いにおいては、手を差し伸べようとしてくれる全員に感謝を抱き、謙虚な気持ちで意見交換をする。そうすることではじめて、さらに関係を深めたいと思ってもらえる。

二、相手を過小評価せず、また過大評価もしない

政治は地域密着の要素が大きく、選挙で選ばれた議員なら地元有権者の支持獲得に多くの時間を費やしているため、必ずしも政治的な話題や国際情勢のすべてに精通しているとは限らない。ブレーンが周りを固めていたとしても、中国・香港の問題に注目している議員でなければ、香港情勢に精通したブレーンはいないかもしれない。

面会に際しては、相手議員がどのくらい香港問題に精通しているのかに合わせて、話す内容を調整しなければならない。香港が長年直面してきた問題を簡潔にまとめて話すのか、あるいは前置きなしに最新情勢や要望を伝えるべきなのか。その判断ができていなければ有意義な面会にならない。誰にとっても時間は貴重なものだ。

香港で起きたことを誰もが知っていると仮定すべきではないが、だからといって相手議員とまったく話がかみ合わないと身構えるべきでもない。相手方の事務所が香港問題にどの程度注目してきたのか、その見極めによる。

三、環境への適応

政治家との面会の約束を取りつけても、スケジュールが二転三転するのはよくあることだ。出席メンバーや話す内容すらたびたび変わる。アドボカシー活動（提言活動）では、いつでも臨機応変に対応できる心づもりが大切だ。

またシチュエーションにも、いろいろなパターンが考えられる。通りに面したカフェで気軽に会うこともあれば、プレッシャーのかかる記者会見に一緒に出席するような場合もある。必要な心構えは同じではない。いずれも国際舞台での活動の一環だが、単純に一括りにはできない。適応力と現場での迅速な対応が求められる。

四、雑談のスキルを磨く

多くの場合、人と人との関係はフォーマルな場面以外で生まれる。海外の政治家と仕事以外の話をできるようになることが非常に重要である。たとえば出身校や専攻学科、あるいは何らかの共通点などが雑談の話題になる。

具体的な例を挙げると、以前、アメリカのジョシュ・ホーリー上院議員と面会した際には、自分たちが所属議会の最年少議員であったことや、二人ともイェール大学の大学院で学んだことなどを話した(彼はアメリカ最高峰と称されるイェールのロースクール出身)。しかも同じ教授の講義を受けていたことまで分かった。そんな会話でまず距離を縮め、関係をつくってからあせらずに「本題」に入れば、労せずして成果を得ることもできる。

五、ブレーンの重要性を知る

アドボカシー活動をきちんと行えているかどうかチェックするには、ツイッターやインスタグラムで相手方ブレーンをいったい何人フォローしているかを調べればいい。それが最も簡単な方法だ。議員への働きかけを行う上で最も重要なのは、その背後で力を発揮しているブレーンやスタッフを知ることである。毎日、どんな話題に注目すべきか、誰と会うべきかなどを議員に提案しているのは彼らなのだ。たいていの場合、議員は何か決断するときにスタッフの意見を聞いている。もし、時間をいとわずにこちらの話に耳を傾け、香港問題を熱心に取り上げてくれるスタッフがいれば、進展はよりスムーズになる。

チームが上手くいっているかどうかは、もちろん面会の件数や建設的な取り組みの量から判断することができる。ただし、最終的により重要になるのは、陰で黙々と働くスタッフたちと良好な関係を保つことであり、いかに迅速に情報をやりとりできるかである。

以上のような事柄を、僕は心構えや判断基準として重要だと思っている。活動に関して、ほかにも知りたいことがあれば何でも聞いてほしい。

出典 https://www.patreon.com/posts/jing-li-guo-ji-40240034

八・一〇の国安法による一斉逮捕を受けて

二〇二〇年八月一一日

香港より七時間遅れの時差があるイギリスで暮らしていると、最新情勢を追う一日に疲れた頃合いに、ちょうど香港人が寝静まる時間帯となり、それから落ち着いてパソコンのキーボードをたたき、自分の考えを整理できるという利点がある。このPatreon.com［著者が文章を発表しているウェブサービス］はまさにうってつけの環境だ。自分の考えを整理するようにつねに促してくれるし、その結果をすぐにシェアできる。考えを心の内に秘めておきがちな僕は、どちらかといえば汗をかくような仕事に時間を使うことが多いため、洞察した事柄を記録に残すのはおろそかになる。しかし、時間を見つけて過去を振り返ることで思考が反芻され、より深く自分を理解できる。日記を書くのと理屈は同じだ。

ご多分に漏れず僕も、少しでも早く情報を知りたいと思ってスマホを手放せないタイプだ。イェールの修士課程にいた頃は、学業に専念するために無理矢理にスマホを手元から遠ざけ、それを本の山の中から取り出してSNSをチラ見するのは一定の時間に制限していた。しかし学業以外では、そのような自制を続けるのは難しい。今日は基本的に、朝目覚めてからずっとスマホやパソコンの画面から視線をそらしていない。刻々と更新されるニュースを追い、内心ではその一つひとつに衝撃を受けながら、やはりスマホを置くことができない。大事な瞬間をひとつも見逃したくないからだ。

僕らがそんなに焦っても仕方がないと言われれば、たしかにそうだ。しかし、いったん気になり始めると、もういてもたってもいられず、どんな簡単な理屈も分からなくなる。健全とはほど遠く、気持ちはどこまでも報道に振り回される。だがこの大嵐のさなかに、人は自分にどれだけの自制を求められるだろう。最終的には香港メディアの更新がすべて終わり、新聞が印刷される未明になって、アップル・デイリーの印刷所からのライブ配信や、旺角（モンコック）で朝から新聞を買い求める多くの人の行列を目にして、それでようやく僕は香港に関するニュースの絶え間ない更新から逃れ、落ち着いて自分の考えを書き始めることができた。

もちろん僕は今、とても複雑な心情にある。そのつらさは形容しがたい。——逮捕されたのは「香港の息子や娘」であり抗議者であるというだけでなく、多くは僕の友人や大先輩である。何年も前から顔見知りで、苦しいときを互いに支え合ってきた。国家安全法違反の罪で逮捕された彼らは、ほかの罪とは比べものにならないほど過酷な状況におかれる。黎智英（ジミー・ライ）が逮捕された姿を目にすれば、李柱銘（マーティン・リー）のことが心配になるし、周庭（アグネス・チョウ）が逮捕された姿を目にすれば、黄之鋒（ジョシュア・ウォン）のことが心配になる。すべてにつながりがある。頭の中に描かれたモザイク状の地図が、この世界で正義のために奮闘する人びとを僕に思い出させる。彼らの輪郭は、くっきりと僕らの心に焼きついている。

香港を離れる前にすべての電子機器のデータを整理してしまい、残っている写真はたまたまバックアップしてあったものだけなので、彼らと一緒に映っている写真はほとんど見つからない。ネット上で見つけてきたフェイスブックのカバー写真のほかで、今お見せできるのは上の愛すべき不思議な人物——立法会の僕のオフィスで休憩している周庭の写真くらいだ［写真は割愛。記事執筆当時とは状況が変わっており、日本での出版物に周庭氏の写真を大きく掲載することによって彼女に危害が及ぶ懸念があるため］。その頃、僕はまだ立法会議員で、彼女は政策研究をしていた。疲れきって出入り自由な議員室で休み、仕事で遅くなれば一緒に食事をした。彼女の家は遠かったので、帰りはバタバタと慌ただしかった。きっと他人には想像のつかないあれこれを脳内で考えていたのだろう。

僕が周庭と知り合ったのは二〇一四年。その頃、僕は学連（香港専上学生連会）の常務委員をやっていて、彼女は学民思潮（スカラリズム）［黄之鋒、林朗彦らが二〇一一年に立ち上げた学生組織］のスポークスパーソンだった。二つの学生組織は政治体制改革の推進運動で連携していた。黄之鋒やかつての学連メンバー、幹部たちともこの頃からの縁である。当時の彼女はおかっぱ頭で、特別な価値のあるらしいプラスチックの時計をして、いつもジーンズ姿で出入りしていたのを覚えている。学校の制服以外ではスカートをはかなかった。

指折り数えると知り合って六年以上になる。短いようで長い。この六年間の友情について何か書きたいが、こんな夜には書きすぎても、あるいは書かなさすぎてもいろいろと具合が悪い。いっそ記憶を沈めたままにしておくほうがいい。必ずまた会えるし、周庭は皆の心の中にたしかな輪郭で存在しているのだから。語りすぎるのはかえって相応しくない。

この数年、僕が香港を離れるまでずっと、僕らは仕事でも休みでも時間を共にしてきた。僕は少し年上なので、彼女らの印象の中では、ときに仲間のようであり、ときに兄のようであったかもしれない。僕もどう形容すべきか分からない。——言葉で表現する必要などないのかもしれない。僕らのつながりは、言葉にしなくても、心で感じればいい。

文字は心を解きほぐす。締めつけられた胸が、キーボードをたたくうちに解き放たれる。プレッシャーが大きすぎて、彼女はつらくなる時もあるだろう。それでも僕には確信がある。彼女は自分が世界中の多くの人びとに愛されていることを知っている。その無償の愛は、疲れた彼女をやさしく包みこみ、そして耳元で「心配いらない」とささやきかける。彼女はこの困難を乗りこえて正義の道を歩み続けると僕は確信している。

彼女の、そして皆の無事を祈る。異国の地にいる僕にできるのは、それくらいだ。

出典　https://www.patreon.com/posts/sheng-huo-ji-fa-40319022

米国進学時の大がかりな誹謗中傷工作

二〇二〇年八月一三日

二〇一九年八月、僕がイェール大学の大学院に進学するというニュースが、突如、中国大陸でトレンド入りした。理由はほかでもない、中国政府の世論操作装置が全面的に発動し、まことしやかなストーリーが生み出されて僕の身に降りかかったのだ。つまり「香港独立派の頭目」であり、「暴力的な衝突を煽動する「リーダー」が、多くの「まどわされた」若者たちを置き去りにして「パパであるアメリカ」の大学へと「八月一八日のデモが武力鎮圧されるのを恐れて、さっさと逃げ出してしまった」という筋書きである。

八〇〇〇万もの購読数を誇る中央電視台（ＣＣＴＶ）のアカウントがこの話をウェイボーに投稿すると、またたく間に中国の〝壁〟の内側のネット世界全体に広まった。誰もが「香港独立派の頭目」の正体を知りたがったし、他人を煽動してリーダーになったくせに自分は逃げ出したと僕をののしった。僕の心の変遷を勝手に創作するものもあり、それによると僕は深圳で強制的な立ち退きを迫られ、陳情にも失敗し、時価一億元を超える豪邸を政府に没収されたことがきっかけで人権擁護の運動を始め、香港に逃げ込んで中国への抵抗を……と、壁を隔てた向こう側では、こんなでたらめが通用しているのだ。

その結果、僕のソーシャルメディア（中国からは〝壁〟を越えなければアクセスできない）には虚偽情報やヘイトの言説があふれかえった。受信ボックスは悪質なメッセージでいっぱいになり、僕の身の安全について公然と脅迫するものまであった。僕は、何かあったときに適切に対応できるよう、やむを得ず大学と警察に届出をした。

罪を着せる口実はいくらでもある。ポピュリズムとナショナリズムが一緒くたになった世論攻撃をまともに浴び、僕のフェイスブックの投稿へのコメントは最高で一万五〇〇〇件を超え、二十四時間ひっきりなしに誹謗中傷や罵詈雑言が向けられた。あり得ない言い草で攻撃してくる中国のネット民たちは、こちらには相手を尊重しろと要求する。イェール大学の修士課程への入学は三月の時点で決まっていたことだ。それがどうして八月になって急にアメリカに逃げ隠れたことになるのか。もしアメリカへ渡ることが「国への裏切り」であるなら、かの地で豪勢に暮らしフェラーリを乗り回しているような多くの党幹部や高級官僚の子弟、成金二世こそ群を抜いた裏切り者であると僕は信じる。

こんな馬鹿げた非難について、なぜ彼らは疑問を抱かないのか。その年の一一月下旬に六つの会場で講演を行った際には、中国人留学生による会場周辺でのデモに何度か遭遇したが、彼らが使うスローガンの一つは、僕がこれまでの運動と引き換えにイェールの入学資格を手に入れたと揶揄するものだった。彼らは皆、自身も入学手続を行っているのだから、留学生がどのタイミングで出願を行い、いつ通知が来て入学が決まるのかを知らないはずはない。海外へ留学できるほど優秀な学生が、いったいどうして官製メディアの大量の宣伝を信じ込み、これほど簡単な論理矛盾にすら気づかずに、短絡的な考えに陥ってしまうのか。

「かごの中で生まれた鳥は、飛ぶことを病気だと考える」

もしかすると、中国における言論のタブーや、疑うことを許されない「主旋律」は、これらの中国人が知ることを許される範囲を制約しているだけでなく、彼らが物事を考えられる範囲すら限定しているのかもしれない。中国政治のレッドラインや統一戦線の宣伝に反するような内容に触れてしまうと、最も基本的な発想すら消え失せてしまう。後日、帰国した学生たちは、中国の鉄の掟にきっちり従って働くことしかできない。このような欠陥をかかえたエリート層であふれた社会に、未来はあるだろうか。

しかしながら、悪質な言説や理不尽な中傷をさまざまに目にしたものの、中には自分から僕のところにやって来て香港の運動への理解を示し、民主主義や自由などの普遍的価値の獲得を支持する中国人留学生もいた。どの講演会場にも、おとなしく傍らに腰掛け、ピンクの愛国戦士（小粉紅）たちの掲げるでたらめな横断幕を横目に見ながら、ひそかにため息をつく人たちはいた。僕らはネット上の高い壁や共産党の洗脳装置による統治の力をあなどってはいけないが、しかし同時に、個人における反抗の潜力や、思想の足かせを逃れようとする力を無視することもあってはならない。

おそらく、多くの中国人留学生に中国共産党の暴虐の本質を実感させるには、まだ一定の距離がある。しかし、たとえその一部でも考えを変えさせる余地はあると信じ、僕はできるだけ粘り強く向き合い続ける。これは、僕が一人の香港の抗議者として身をもって見本を示し、行動によって世界を変えていくという一つの可能性だ。――効果を上げる可能性は低いかもしれない。しかし、それでも試みる必要がある。

出典　https://www.patreon.com/posts/ye-lu-sheng-xue-40399138

香港の活動家として初めて米大統領の一般教書演説に出席

二〇二〇年八月一四日

国際的なロビー活動をしてきたなかで、最も印象に残っているのは、今年初めにキャピトル・ヒルに招待されて傍聴した米大統領の一般教書演説である。僕は民主制の歴史の一場面を目撃した。

一般教書演説とは、香港の行政長官が毎年行う施政報告のようなもので、国の現状分析や立法課題、政策などを、大統領が下院議場で国民に報告する。出席するのは、軍や司法機関の代表者、政府高官、上下両院の議員である。各議員はそれぞれ一名のゲストを招くことができ、伴侶を招待するのが慣例になっているが、この機会に各界の人物を招き、特定の話題に注目していることをアピールするという前例もある。僕が招待されたのはアメリカ政界で香港問題が注目されていることを示す重要な象徴であり、香港の民主派がキャピトル・ヒルの一般教書演説に招待されたのは、おそらく史上初めてのことだ。

演説時間はおよそ一時間強。セキュリティチェックが厳しく、スマホは持ち込めなかった。大統領の発言に対して拍手をし（あるいは拍手をせず）、立ち上がって喝采を送る（あるいは不満の表情をうかべる）のは、いずれも政治的な意思表示である。演説中はずっと両党の対立をはっきりと見て取ることができ、会場にはさまざまな声があふれていた。このような状況は、中国の人民代表大会では決して起こり得ない。習近平を称賛するばかりで、反対の声など絶対に聞こえてこない。人びとの声や多様性を葬り去った「調和（和諧）」など、自由を知る人は唾棄するはずだ。

僕はかつて香港の立法会議員として林鄭月娥（キャリー・ラム）行政長官の施政報告を聞いたが、アメリカのキャピトル・ヒルでの経験とは天と地ほどの隔たりがあった。民主主義の実践に感銘を受けた者として僕は、香港立法会において、選挙で選ばれた首長が議場中央に立ち、香港人の心と言葉で香港の未来を語る姿を見たい。ただひたすら北京の顔色をうかがいながら聖旨を読み上げる姿など見たくはない。

民主主義への道ははるか遠くとも、希望と決意を抱き続ければ、最後には必ずたどり着ける。

出典　https://www.patreon.com/posts/jing-li-shou-wei-40448948

留学生の身の安全を脅かす国安法、世界は教育機関への中国の浸透を警戒すべき

二〇二〇年八月二〇日

悪名高い国家安全法（国安法）が香港で施行されたことへの強い反発から、救命艇計画［緊急避難が必要な香港人の受け入れ］や香港との犯罪人引渡条約の停止などの措置が各国で続いている。同法施行の影響

に注目しているのは各国の政府だけではない。最高学府においても「センシティブな内容」を議論する学生たちの保護にあれこれ苦心している。ウォール・ストリート・ジャーナルでは、最近、この状況を懸念するアメリカの一部の大学教授の話が伝えられた。議論を匿名で行い、氏名の代わりに番号を使うなど、中国や香港の国家安全法の被害者とならないように学生たちを保護する手段を講じているという。

言論の自由を重んじる高等教育の場が自己検閲を迫られ、個人名を隠さざるを得ないなど、明らかに不公正であり、学問の自由に反する状況である。記事によると、アメリカに留学したある中国人学生がツイッターで中国の指導者をからかうような投稿をしたところ、帰国後に六カ月間も拘禁されたケースがあったという。また香港の国家安全法では訴追対象の地域や国籍が限定されないことから、中国や香港の留学生に脅威が及ぶだけでなく、これらの地域へ行く大学教授にとっても現実的な脅威が存在する。取材を受けた教授たちは一様に、特別な処置を講じなければならないことや、言論や学問上の議論において「一線」を超えないように配慮せざるを得ないことに失望を感じている。「学生たちを守るために私ができることは何もない」と諦め顔で語る教授もいる。

なぜ彼らはそれほどまでに落胆しているのか。まず、現在〔新型コロナ対策のために〕多くの大学がリモート授業を行っているが、中国大陸のインターネットは共産党の管理下にあるため、講義中に話した内容がすべて監視されている可能性がある。また海外では、常軌を逸したような中国共産党の浸透工作があって、各大学にスパイが送りこまれている。それが一般人を装って聴講する国安〔国家安全部。国務院管轄下の諜報機関〕の人間なのか、あるいはさまざまな中国人留学生グループの名で集められた学生スパイなのかはともかく、学内に監視者がいるというのは誰もが知る公然の秘密となっている。以前、ある中国人留学生に「本当はあなたの講演を聴きに行きたいが、もしそれを誰かに知られたら面倒なことになるので聴きに行けない」と面と向かって言われたことがある。香港の学生だけでなく、比較的オープンな考えを持った中国の学生やセンシティブな題材を扱う研究者は、同じように共産党に監視されている。

このため、長期的な視点では、学内における言論や学問の自由を守るためには、海外の大学における中国共産党の浸透、それに伴う密告社会の到来を必ず阻止しなければならない。そうしなければ、学生たちがたとえばウイグルの再教育収容所や香港の抵抗闘争などの問題について話し合った場合に、共産党に目を付けられてしまう。具体的にはまず領事館との関係から着手すべきである。海外の有名大学における中国人留学生グループの多くは、現地の領事館とさまざまな面で協力しており、経済的な支援を受けている。各国政府は、中国の公的組織が学内に浸透するルートを断ち、また監視されていると感じた学生がそれを通報できるチャンネルを用意すべきである。そして同時に、学内における学生たちの安全を守るために、孔子学院のような大々的な対外プロパガンダを行う共産党の情報操作機関を学内から一掃し、中国共産党による監視の目と、宣伝活動の原資を減らさなければならない。

出典　https://www.patreon.com/posts/fen-xi-guo-fa-ti-40658838

ポンペオ氏との会談

二〇二〇年九月七日

トランプ政権下の数年間、中国問題への強硬姿勢において共和・民主両党に新たな共通認識が生まれていることは、誰の目にも明らかである。一九七二年にニクソンが北京へ友好の手を差しのべて以来、ワシントンの外交は一貫して中国との友好関係の必要性を主張してきた。台湾と断交したカーター、歓迎ムードのなかで訪中したレーガン、天安門事件後に鄧小平への好感を示したブッシュ（父）、「最恵国待遇」と人権問題を切り離したクリントン、中国のＷＴＯ加盟を支持したブッシュ（子）など宥和的な政策が続いてきた。過去数十年にわたり、どちらの党が政権を取っても中国との友好関係構築に積極的になり、反対党がそれを批判するという構図があり、政権交代によって役割が入れ替わっても、方向性はおおむね変わってこなかった。自分たちのほうが中国に対してより強硬な姿勢を取っていると双方が争うようになったのは、ごく最近のことである。黄色派同士が互いに相手の不足を非難するような状況であり、このような対中姿勢の変化はまさに構造的な大転換といえる。

昨年の逃亡犯条例改正案への反対運動以降、香港はこれまで以上にはっきりとした米中対立の争いの場となった。抵抗運動がますます激しくなる現状に、マイク・ポンペオ米国務長官も関心を高めてい

たらしく、ツイッターや記者会見などで毎週必ずと言っていいほど香港問題に言及していた。キューバやイランの問題から地球温暖化などのテーマにいたるまで、彼は世界のさまざまな政治課題について、アメリカの左右の対立軸をはっきり示すことを好む傾向にあるが、唯一、北京の脅威への対応についてだけは党派を超えた明確な方向性があり、左か右か、共和党か民主党かを分かたず、アメリカ政界の団結を強く求めている。

マイク・ペンス副大統領、ウィルバー・ロス商務長官、ロバート・オブライエン大統領補佐官、マシュー・ポッティンガー大統領副補佐官といった対中強硬派と共に、ポンペオ氏は、貿易戦争における関税措置だけでなく、あらゆる手段を使って中国の拡張を阻止する必要性を一貫して主張している。軍事の面では、彼が精通する南シナ海の防衛強化。科学技術の面では、TikTok や WeChat に打撃を与え、中共企業による技術移転や窃取を阻止すること。人権の面では、ウイグルの再教育収容所の問題、台湾や香港への恫喝などに強い姿勢で対応することが含まれる。香港問題は、彼がずっと注目してきた重要テーマであり、議員時代には昨年一一月に成立した「香港人権・民主主義法」の立法推進に取り組んでいた。現在の彼は行政府の側で法案を実現させたことになる。今年五月二七日、香港版国家安全法の実施を北京が予告した際には、議会に提出された報告書の中で、自治を失った香港が特別待遇から外れることを正式に確認している。

国家安全法の実施が現実となり、政局は急転回した。僕も香港を離れ、民主活動家として海外に亡命した。そしてロンドンに到着してすぐに、ポンペオ氏の訪英を知った。重要な目的のひとつは香港問題への対応であるという。人権団体・香港ウォッチの仲介や過去にワシントンで培った人脈もあり、僕は国務大臣の招待を受けた。ポンペオ氏との会談は二度目だ。香港問題について、非常に建設的な話をすることができた。後日、彼が行った対中政策や香港政策についての演説には、このときの話の影響が見受けられた。

外交日程を終えてワシントンへ戻る前に、同氏はロサンゼルス郊外のリチャード・ニクソン大統領図書館で重要な演説を行った。世界の新たな構図の中で米中関係を見直す内容であり、演説を行ったタイミングと場所、そのいずれにも特別な意味がある。もしかすると数年後、この演説は両国の対立関係におけるひとつのターニングポイントと見なされるかもしれない。世界の潮流はとどまるところを知らない。その中で幸運にも僕の話が取り上げられたことは、歴史への証言と見なすことができ、また民間外交における個人的なつながりの重要性も実証している。この変革の時代は、誰にとっても非常にまれなものだ。しかし、香港人の影響力がこれほど遠くまで及ぶと実証されているのだから、むやみに自分たちを卑下することはない。

出典　https://www.patreon.com/posts/min-jian-wai-ren-41319348

捕まった十二人は安否不明、全力で支援を

二〇二〇年九月一二日

中国側に拘束された十二人〔台湾への亡命を試みたが海上で拘束された〕については、まったく情報がない。中国の人権派弁護士が、弁護士資格の剥奪や、さらには煽動転覆罪での起訴というリスクも考えられる中で勇気をもって弁護を引き受けてくれたが、中国当局にすでに弁護士は手配済みだと通告されたらしく、このルートでも情報は得られない。

事件の発生から三週間近くになるが、彼らの安否すら知る術がない。十二人はこれから（あるいは現

在すでに）厳しく自白を迫られ、罪を認める姿をテレビで公開され、そして非公式の尋問を受け、重罪人に仕立て上げられてしまうのか。まったく情報がなく、推測することしかできない。

このような状況に陥っても、当然、香港政府が彼らの家族に寄りそうようなそぶりは見られない。ようするに、中国共産党への「忠誠」が、人間に生まれつき備わる価値観やモラルよりも上にあるのだ。香港人の「母親」を自認する林鄭月娥（キャリー・ラム）は、本当の母親の涙や、遠い地で拘束される子どもを思う気持ちを何も分かっていない。自分にも子どもがいるはずの高官たちも、家族が行方不明になるとはどういうことなのか、分からないふりをしている。

中国共産党という弾圧機関は巨大であり、この一触即発の国際情勢において、現地での、または国際社会への働きかけの効果には限りがある。僕個人としても、ずっとやりきれない思いがあり、中国共産党が香港人を拘束するという前例のない事態に対して、国際的に、いったいどのように圧力をかければ最も効果的なのかを考えているが、いたるところに危険がひそんでいる。それは綱渡りのようなものであり、さまざまな外圧に相手がどう反応するのか、何が好手で何が悪手なのか、この上なく慎重に、かつ密かに探っていくしかない。

今、香港人が望むのは、彼らが無事に香港に帰ってくることだけだ。――たとえその望みが叶ったとしても、彼らを待ち受けるのは香港の不公正な司法であり、その下での長期間の拘禁ではあるのだが。

ここまで書いてきて、たしかに自分の無力さや怒り、そして悲しみを感じるが、それでも僕は自分にこう言い聞かせる。このような状況においてこそ、力を尽くすべきだと。

家族や協力団体を支え、香港政府に態度表明を迫り、書面や対面での直接のクレームにより、毎日、諦めずに追及する。どんなに小さなものでも、情報入手や変化の可能性を求め続ける。より多くの香港人に事態の深刻さを知らせ、十二人を救うことの人道的な理由を説いて、人びとに実際の行動を促す。一人ひとりの取り組みは、あるいは焼け石に水なのかもしれない。しかし、これほどの危機を目の前にして、効率の悪さはひるむ理由にはならない。――僕らが費やすのは少しの時間だが、彼らが費やすのは一生かもしれない。

銅鑼湾書店事件［中国政府に批判的な本を扱う書店の店主らが失踪した事件］で大陸に連れ去られ、拷問を受けた林栄基氏は、自分が中国共産党の魔の手を逃れようと決意した［保釈中に大陸に戻らなかった］のは、街頭での香港人の声援に支えられたからだと語っていた。それがいかに困難でも、彼ら全員を、誰ひとり欠けることなく取り戻すことを諦めないでほしい。自分のバックグラウンドや政治的な立場にかかわらず、ためらわずに全力で支援の声を上げてほしい。

十二人の無事と帰還を願う。

出典　https://www.patreon.com/posts/fen-xi-bei-ju-er-41526121

時代におされて——香港に密航してきた父

二〇二〇年九月一九日

時代は僕らを駆り立てる。

幼い頃から団地住まいの、典型的な移民家庭だった。両親は働きづめで、僕が子どもの頃に清掃員をしていた母はあちこちのビルのゴミ置き場を回ってダンボールを片付け、床にこびりついた汚れを水で洗い流していた。それでも、日々の支払いに事欠くほど余裕のない生活だった。

両親はずっと、自分たちの経験したような飢えや別離、恐怖、そして命の不安などとは無縁の、安定した生活を送れるようにと僕に望んだ。政治に関わり、投獄され、あるいは自分の名前が香港市民の口々にのぼるようになるとは、まったく想像したこともなかった。

家では、政治の話はしなかった。父が香港にやって来たいきさつも、学校の課題か何かの機会があるまでは詳しく聞いたことがなかった。父は、七〇年代末に香港に密航してきた。当時の中国は国全体が飢えていて、あらゆるものが足りなかった。父の村も食糧不足がひどく、一日に一個か二個の芋を口にできれば御の字だったという。その頃、中国南部の貧しい村に暮らす青年が抱く夢はひとつだった。——逃げる。香港へ逃げる。豊かな香港にたどり着けば運命を変えられる。それが彼らの一縷の望みだった。

香港への密航は、すでに六〇年代に父のひとつ上の世代によって試みられていた。当時は密入国に失敗して送還されると、待っているのは監獄だった。その後、七〇年代に取り締まりが緩くなると密航ブームが起きた。父が聞いた話では、十二回続けて失敗しても挑戦をやめなかった同郷者がいたという。座して死を待つよりも、荒れる外海のほうがましというわけだ。二十二歳の年に、父は汕尾［香港の北東一五〇キロほどに位置する地方都市］から船に乗った。平底の小舟一艘に十数人が乗りこむ。彼らの希望をつなぐ帆は家から持ち寄った寝具の布を縫い合わせたもので、強度はない。しかし、ほかに頼れるものはなかった。

船頭が人数を確認し、出発する。船のこぎ手になれば料金が少し安くなる。携帯している食料はわずかな落花生だけ。一日航海して何とかたどり着いた途中の島で、住人に命をつなぐ水を求める。わずかな休息の後、また海へ出る。二日か三日の航海で、彼らは幸運にも上陸をはたした。第一関門突破だ。

この第一の関門を多くは通過できない。船の上からは膨張した水死体を見かけた。船隊を組んだ船が暴風に遭ってすべて沈没したという知らせが、前に隣の集落に届いたことも思いだされた。たどり着けるかどうかは運気の問題であり、勇気の問題でもある。

だが、上陸した途端に、父たちは善人を装って近づいてきた蛇頭［密入国を斡旋する犯罪組織］のグループに拉致されてしまう。すでに香港にいる身内に、巨額の身代金が要求された。観塘（クントン）の狭い団地の部屋で一週間ほど身代金交渉が続いた後、父は何とかそこを脱出して縁者を探し当て、藍田（ラムティン）から金鐘（アドミラルティ）を目指す。政府の「タッチベース政策［界限街より南の市街地までたどり着いた不法移民は強制送還せず、居住権を与える政策〕」によって臨時の身分証を取得するまでは、警察の職務質問におびえる日々が続いた。

臨時の身分証があれば、すぐにでも働くことができた。初日から牛頭角（アウタウコック）の建設現場で働いた。工賃は一日六〇香港ドルだったが、父によれば、それは中国の農民の一年分の収入だったという。八〇年代には父の日当は一〇〇〇香港ドルを超えたが、当時の中国人にはまったく想像を絶する賃金水準だった。飢えをしのぐために木の皮をはぎ、危険な海釣りに出かける必要はもうない。

さまざまな地縁の上に成り立つ香港は、この地に安住を求める人びとにとって快適な避難港であり続け、世界に影響を及ぼす多くの人材を育んできた。だが世界の変化は急であり、二〇一九年を境に、中国共産党が統治する香港は人びとが先を争って逃げ出す場所になってしまった。父の世代は多くが「経済難民」であったが、僕らの世代は皆「政治難民」である。上の世代はいまだに共産党を憎んでいるだろうが、僕らはこの都市を深く愛するがゆえに離れざるを得ない。香港に来たのは豊かな生活を始めるためだったが、香港を去ることで始まるのは困惑だ。

六年前、ちょうど九月ごろ、僕の人生に途方もない変化が起こり、人から「学生リーダー」と呼ばれるようになった。そして今日、故郷を遠く離れ、いくつかのランキングに名前が挙がり、注目もされている。だがそれが僕に思い起こさせるのは、これまで何世代もの香港人が、どのようにして劣悪な環境から抜け出し、豊かな土地へとたどり着いたのかということであり、〔一九九七年の主権移譲以降〕二十年の破壊を経てそこが、社会の中枢を担うべき人材が相争って逃げ出す場所になってしまったということだ。

もし選べるのなら、僕は両親が望むように、地道で真面目な人間として自分の愛する人や物事のために穏やかな人生を送りたい。さわがしい街の片隅にいて、空を眺めていたい。

いつの時代に生まれても、人は時代の流れにおされ、自分たちが思いもよらない道を選ぶ。そしてその苦しい決断に左右される人生の行く末は、一人ひとりの強い意志と、そして避けがたい運によって定まる。

大きな出来事に見舞われるたび、僕はいつも静かに過去を振り返る。過去の写真の中の自分は、今の自分とどこが違うのか。初心を忘れずに、けれども日々進歩して、新たな持ち場に適応しなければならない。

十年前の僕は、中学六年〔日本の高校三年に相当〕の始業式を迎えて、大学入試への不安に息が詰まりそうだった。あの頃、僕は空を眺めながら、何の不安もないキャンパスライフを送れるものと想像していた。

出典　https://www.patreon.com/posts/sheng-huo-shi-wo-41777719

TIME100「世界で最も影響力のある百人」に選出

二〇二〇年九月二三日

タイム誌の編集部が毎年選ぶ「世界で最も影響力のある百人」に大きな注目が集まるのは毎年恒例のことだ。このリストはその年に起きた大きな出来事を象徴するものでもある。

思いがけないことに、事前の読者投票でトップになって、僕の名前が今年のリストに載った。

例年、リストの大半を占めるのは地位と名声を手にした芸能人やビジネスパーソンなどであり、それ以外では実権を握る政治家や宗教指導者、あるいは国を代表するようなトップアスリートたちの名前が挙がる。

もちろん、プラスの影響力だけでなくマイナスの影響力もある。たとえば、ゲノム編集技術によって双子を誕生させ、研究倫理に反するとして大きな議論を呼び、実際に有罪判決も受けた賀建奎は、反面教師として二〇一九年にリスト入りしている。習近平、金正恩といった横暴な支配者もTIME100の常連であり、言わずと知れた人権や自由の破壊者として何度もリスト入りし、自由がどれほど貴重なものであるのかを世に伝えている。

僕が歩んできた経歴は、これらの人物と比べて明らかに見劣りがする。だが、多くの歴史上の巨人たちの導きがあるからこそ、僕は歩みを進められたのだと気がつく。三十回ほど投獄された経験を持つマーティン・ルーサー・キング・ジュニアは黒人が公民権を獲得するための基礎を築き、その死は人種差別を撤廃する多くの法整備に間接的につながった。植民地主義に抗議する「塩の行進」や獄中のハンガーストライキで強い意志を示したマハトマ・ガンディーは、幾千、幾万のインド人を団結させ、ついには非暴力の抵抗によって独立を勝ち取った。二十数年に及ぶ獄中生活を送ったネルソン・マンデラは、抑圧や内患外憂に苦しみながらも、憎しみを捨てて人種間の融和を図ることを忘れず、国の平和のために傷だらけの手を相手に差しのべた。

学生運動を始め、立法会議員に当選し、投獄され、そして亡命するにいたるまでの僕の経歴は、わずか六年ほどにすぎない。その中で経験した苦しみは、獄中の仲間たちや、あるいは中国大陸にいて外の光を見ることもかなわない十二人とは比ぶべくもない。僕はよく自らに問う。民主主義や正義のために僕ができる貢献など、どれほどのものかと。真に香港を取り戻し民主主義が実現されるまで、活動家たちや「民主の闘士」たちには、栄誉を認められる価値がはたして本当にあるのかと。

僕らの存在は、本当に何かを変えられるのだろうか。

亡命の日々には、疑念と確信が入り乱れる。そして香港のあらゆる人や出来事に思いをはせる。苦難を共にした之鋒や周庭、デモシストの面々、重い罪を背負わされた獄中の天琦〔梁天琦（エドワード・レオン）。香港本土派の活動家で「光復香港、時代革命」というフレーズの考案者〕、そして市民社会へと向かう道で出会った人びと、抵抗闘争の現場で目を合わせた前線の仲間たち……。僕はある種の後ろめたさを感じる。自分にできることは限られていて、人びとの犠牲に報いることができない。

新たな信仰や新たな理念は、探索され、衝突の中で否定され、そして再構築される。正反合（定立・反定立・総合）のプロセスで鍛えられ、そして強くなる。メディアに映る僕の眼差しや語り口がどれほど確信に満ちていても、困難だらけで対処が追いつかない局面では、内心もがきながら、一つひとつの試みを重ねていくしかない。

おそらく僕の貢献というのは、「天の時、地の利、人の和」を得た上で、かつて誰も探索したことのない道を切り開くことにある。最近、亡命生活について語ってほしいというメディアの取材依頼が多いが、僕はほぼ例外なく断っている。——「逃亡」という型にはめられたくないし、先入観をもって見られたくもない。香港の民主化運動は暗黒期に入り、亡命した仲間たちは精神的にも現実にも不安や迷いに直面している。苦痛は避けられない。

だが、僕はどうしても証明したい。たとえここが世界の片隅であっても、僕は「香港人」の旗を掲げることができ、積極的かつ勇敢に、国際的な政治議論に加わることができ、そして中国の権威主義にあらがい、香港の民主主義を守るための戦いに貢献できるのだと。無力で、荒波に揉まれるしかなく、つねに受動的であるという亡命者のレッテルから僕は逃れたい。——僕が選ぶのは、世界の民主主義を脅かす共産党との新しい形態の「闘い」だ。それは世界を揺さぶろうとする試みであり、その道は能動的な意志と力に満ちている。

後の時代の人びとが歴史を振り返ったとき僕の上に見るのが、やむを得ない亡命の決断だけでなく、力強く両手を握った明るい表情や、何のためらいもなく積極的に活動に取り組む姿であることを僕は望んでいる。

この選択は、国際社会が中国に疑いの目を向け始め、香港では史上空前の抵抗闘争が起こったという背景がなければ、絶対に成り立たなかった。僕が世界に「影響」を与えられるのは、無数の仲間たちが抵抗闘争に血と汗を流し、牢獄に入ることで築かれた道があるからだ。僕はこの上ない感動と、悲しみと憤りを感じながら、自分が力を発揮できる持ち場でこれからも光を探し求める。

僕個人には、今回のことは過分な栄誉かもしれない。しかし、香港の民主化運動が認められたと考えれば至極順当ともいえる。香港の抵抗闘争は世界が中国共産党に抱いていた幻想を覆した。その行動は自由を守るモデルとして拡散され、人びとは民主主義や自由が天から与えられるものではなく、皆で用心深く守るべきものだと気づいた。誰も想像しなかったことだが、香港の抵抗闘争から生じた波及効果は、全体主義帝国の存続をも脅かすほど大きくなった。

このような歴史的に重大な抵抗闘争に身を置く一人の政治活動家として、外の世界からいかに称賛されようとも、僕の最終的な目標は、自分たちのコミュニティに正義と民主主義を勝ち取り、人としての尊厳を持って平等で友好的な社会を生きられるようにすることだ。台湾の蔡英文総統が言うとおり「謙虚に、謙虚に、より謙虚に」である。外から与えられるいかなる栄冠よりも、香港人からの励ましがうれしい。

投稿へのコメントで多くの励ましや肯定の声を目にすると、自分への疑いや迷いはすぐに吹き飛ぶ。政治を志す上で、自信が過信となれば誰の理解も得られなくなる。しっかり地に足をつけて、社会の中で支持を広げ、より多くの意見に耳を傾ければ、世界を変える道をより遠くまで進むことができる。

友人たちの変わらぬ支持がとてもありがたい。本当に、とくに知らない土地での生活では、一つひとつの励ましが想像以上に重要な意味を持つ。僕は毎日、とても用心深く過ごしている。――出入りの際は周囲の様子をうかがい、人と会うときは警戒を怠らず、個人情報の扱いにも細心の注意を払う。中共の威嚇に、毎日、不安が頭をよぎる。僕がそんな重圧をはねのけることができるのは、心の強さ以上に、多くの人びとの後ろ盾があるからだ。

立法会からの追放で僕の政治キャリアは停滞した。この難関は越えられないかもしれないと考えた時期もあった。しかし実際は、挫折を経験することで人は強くなれる。月桂樹の冠の下は、傷あとだらけだ。僕は、富と地位と名声を手にしたTIME100のほかの面々とは対照的に、不安定な漂泊の生活を送り続けるしかない。だが少なくとも後悔はない。僕は今、生きることの意義に限りなく近づいている。

最後に、僕の推薦文を書いて下さったクリストファー・パッテン元香港総督への感謝を述べたい。幅広い読者の理解を得られたのは、その簡潔にして要点を押さえた解説のおかげである。

出典　https://www.patreon.com/posts/jing-hua-huo-wei-41923178

世論調査の結果から見える中国への好感度低下

二〇二〇年一〇月七日

米国の調査機関ピュー・リサーチ・センターが世界の主要十四カ国を対象に行っている世論調査の最新の結果は、まさに「中国包囲網」というべき政治的な背景をそのまま反映している。対象サンプルが一万四千件を超える今回の調査において、平均七三％もの回答者が中国を否定的に評価している。なかでもオーストラリア、イギリス、ドイツ、オランダ、スウェーデン、アメリカ、韓国、スペイン、カナダといった国々では、中国に対する否定的イメージの割合が過去最高を更新している。オーストラリアの数字は前年よりも二四ポイント増えて八一％に達しており、各国のなかで上げ幅が最も大きかった。イギリスも後れを取らず一九％増を記録した。アメリカはトランプ大統領の就任後に二〇％伸ばしている。

これらの数字には勇気づけられる。中国共産党の暴政がようやく本来あるべき国際評価を受けたことを示すものであり、どの国でも中国への厳しい政策や制裁措置を実現しやすくなる。民主的な選挙によってトップを選ぶこれらの国では、市民の声が大きくなれば、どれほど経済的な誘惑があっても中国に近づきすぎることはない。次の選挙での落選を恐れるからだ。

調査レポートは、新型コロナウイルス感染症への不適切な対応が全世界的なパンデミックを引き起こしたことが、イメージ悪化の大きな原因であるとする。もちろん、かなり納得できる分析ではあるが、それ以外にもさまざまな要因があると僕は考える。たとえば、ウイグルの収容所問題、香港民主化運動の弾圧、そして「戦狼外交」への嫌悪などは、いずれも中共（中国）への印象を悪くする要因となる。このような中国への否定的イメージの拡散において、香港人は歴史的な役割を果たした。圧政にあらがう戦いが中国共産党の残虐さを暴き、その統治下において際立つ香港人の勇気が、世界の注目を集めたのだ。

それでも、この調査レポートには僕らが参考にすべき洞察がある。とくに国際戦線での活動の効果を高めるためには、それぞれの国の実情を踏まえて方向性を定める必要がある。各国のリーダーの信頼度については、もちろん大部分が習近平をまったく信じていないが、しかし多くの国で、習近平よりもさらに低い評価がトランプに与えられている。たとえばドイツでは、習近平を信用できないと答えたのは全体の七八％だったのに対し、トランプを信用できない回答者は八九％にのぼった。

トランプのやり方を歓迎しない国があるというのは、決して意外な結果ではない。ある特定の国の政治家と会うときには、「アメリカ追従」と受け取られるのを避けたほうがいい可能性がある。つまり、アメリカ寄りになりすぎない対中政策の切り口を慎重に提示しなければならない。このため、僕はEUでの活動に際し、権威主義の拡張に対抗するための、多角的かつ強硬な、価値観を中心とした民主国家の連携が必要だと訴えることが多い。そうすることで米中対立の議論に陥ることを避け、両国のトップをいずれも信用しない国の反感を抑えられる。また同時に、個別に目立って中国に狙い撃ちにされる懸念が少なくなり、たとえば韓国やイタリアのような、中国に対抗する国際連携にあまり積極的でない国も参加しやすくなる。

また市民の多くは中国が世界一の経済大国だと考えており、とくにヨーロッパではほかの地域よりも中国共産党を受け入れる傾向が強い。この現象は、いかに中共のイメージが悪化しても、過去に行われた「宣伝」の効果がまだかなり残っているという事実を浮かび上がらせる。欧州経済は中国に依存していて、中国こそが経済成長のエンジンであると吹聴しているところに、さらに「一帯一路」の宣伝効果が加わる。それがＥＵ各国やその国民をより親中的にしているのだ。もっともこれに関しては、すでに複数の学者が、将来的に中国とイギリスが影響力を失えば、ＥＵ各国はより経済力と政治力のあるアメリカの側に立つことになると予想している。また欧州経済への中国の関わりは宣伝されているほどのものではなく、「一帯一路」のプロジェクトの多くは尻すぼみで、その経済効果はいまだ実現されていない。関係する東欧諸国からは、これを強く疑問視する声が上がっている。僕の今後の政治活動でも、中共が行う宣伝の信頼度を下げるべく、中国が直面する経済的苦境を手始めとして、産業の高度化や経済モデルの転換における同国の困難をはっきりと市民に伝えていく必要がある。

国際的な連携は、つねに学びのプロセスである。適宜、情報を更新しながら、むやみな楽観を避け、また必要以上の悲観も戒めたい。

出典　https://www.patreon.com/posts/fen-xi-yan-jiu-42462551

政治とは綱渡りの芸術——政治活動家としての心構え

二〇二〇年一〇月九日

台湾の国民党一党独裁期の社会運動家であり政治雑誌の編集長でもあった鄭南榕が［時の政権に抗議して］立てこもった部屋で焼身自殺を遂げた後、林世煜は「わが友 鄭南榕」と題する追悼文で次のように述べている。「雑誌をやれば金儲けだと責められ、投獄されれば苦肉の策［兵法三十六計の一つで、敵を欺くために自らを傷つける計略］だと責められ、社会運動をすれば選挙のためだと責められる。あげく、こうして死んでみれば、頭がおかしくなって無駄死にしたと笑われる」

政治活動をしていると、どんなに純粋な動機があり、いかに私心なく行動していても、必ず誰かが意地の悪い角度から疑いの目を向けてくる。政治活動家であるからには、人びとの意見に謙虚に耳を傾け、異なる意見を消化する方法を覚えるだけでなく、不合理な雑音に惑わされないように、自らの判断力を研ぎ澄ます必要がある。そのバランス感覚を養うことが重要だ。

生身の人の心というものは、つねに他人から疑念を抱かれるのではと気にしていると、躊躇して先へ進めなくなり、しまいには自己否定にさえつながりかねず、信念に基づく行動を続けられなくなる。「知と行いを一致させ、正しいと思うことを貫く。外面は穏やかでも内に強い芯を持ち、原理原則を守る」僕はいつもこの言葉を自分に言い聞かせる。円滑にことを運ぶためにいかに腰を低くしたとしても、大原則となる判断がぶれなければ、千差万別のさまざまな声の中でも自分を保つことができる。

政治的な嵐のど真ん中にいる者は、独自の考え方を深めるだけでなく、他者の意見に耳を傾け、それを咀嚼することを覚える必要がある。耳を傾けるとは、他者の言葉から情報を得るだけでなく、その情報の着眼点や価値観を知り、自分が置かれている状況に適したものかどうかを理解することである。そうすれば、採用すべき意見を自ら選別できる。もちろん、その過程はオープンであるほどよいが、考えすぎて疲弊したり、現実離れした意見に影響されたりしないために、一定の線引きは必要になる。

名声や利益を追求してしまうのは、メディアに注目され始めたばかりの者にとっては避けがたいかもしれない。だが、外から見える体裁に頓着せず、落ち着いて自らの価値観を実践することを行動の原則とし、なるべく奇をてらわずに真面目に取り組むことこそが、真に大切な部分だ。政治とは、ずっと言ってきたように、綱渡りの芸術である。——大嵐のリスクを伴い、バランス感覚も相当に試される。油断すれば、すぐに奈落の底だ。功を焦りすぎ、エゴが信念を凌駕してしまっているのは、見ていてかなり残念な気持ちになる。

自身の原点をつねに思い起こし、外の事物やおのれの損得に一喜一憂せず、初心を忘れずにいたい。

出典　https://www.patreon.com/posts/sheng-huo-zheng-42539893

ノーベル平和賞について——すべては僕らの学び

二〇二〇年一〇月一〇日

二〇二〇年のノーベル平和賞が国連機関の世界食糧計画（ＷＦＰ）に授与されることが発表された。飢餓が戦争や紛争の武器として使われることを防ぐ努力など、飢餓の撲滅や紛争地域での平和促進の取り組みが評価されたものだ。相次ぐスキャンダルの話はともかく、食糧危機の問題は人類が直面している最も大きな課題の一つであり、国際社会の連携が強く求められる。

現在、地球上では八億人を超える人びとが飢餓に苦しんでいるといわれ、飢饉が資源の略奪を生み、さらには戦争勃発へとつながるケースも枚挙にいとまがない。その一方で、世界全体の食糧生産量には七十億の人口を十分に養えるだけの余裕があるのだが、貧富の格差が大きく、後進地域ではインフラの不足もあり、大規模な飢饉が毎年のように繰り返されている。

もちろん香港人の僕としては、世界のより多くの人に香港の抵抗闘争に目を向けてもらいたい。しかし僕は、ノーベル平和賞が発表されるこの時期を、毎年、学びのチャンスだとも考えている。この地球が直面する多くの切迫した課題を知り、国際的な認識を共有できるからだ。

それに、香港人の抵抗闘争は、かなり前から世界中の人びとに認められている。各国政府の強い声明や、民間から上がる無数の支持の声は、香港における圧政との戦いが明らかに世界に影響を及ぼしていることを示している。僕らにとって最も重要なのは、そこに受賞という栄誉を重ねることではないのかもしれない。中国共産党の暴政に対抗するためには、各国の実際の行動がより重要である。

この一週間、僕はノーベル平和賞に関する取材を十件以上断った。ちまたでは、ノーベル平和賞の予想で知られるある組織が二年連続で僕を受賞候補リストに入れていたが、外部の（間違った）評価がどうであれ、少なくとも僕にとっては自分の位置づけは明らかであり、受賞の可能性があまりないことは分かっていた。自分の身の程をわきまえて、平和賞の話を盛り上げたがるメディアの雰囲気を感じるたびに、僕はそれを婉曲に断り続けた。誤った期待を抱かせたくないし、また自分が地道な取り組みを続ける上でも、人気取りのようなことはしたくない。

実際のところ、香港の民主化運動が平和賞を受賞するという多くの香港人の望みはかなわなかったが、それでも僕らはそこから学ぶことができる。国際都市に育った僕らは、圧政による苦しみに直面したことで、より危険な境遇にある人びとのことを今まで以上に理解できるはずだ。そして自らを戒め、日々、不公正や不正義をなくすための努力を続けられる。

あるいは、少し立ち止まってみるべきかもしれない。香港という便利で豊かな場所から少し距離をとり、そして考えてみる。社会はますます豊かになるのに、なぜ多くの人が飢えに苦しむのか。技術はこれほど発達しているのに、なぜ必要とする人のもとへ物資を届けるのが難しいのか。争いに満ちた社会の中で、なぜ政治は建設的な仲裁や再建を進めて、資源の再分配を促すことができないのか。

これらの問題に答えを見つけたところで、おそらく今の香港が直面する問題を克服する助けにはならない。しかし、少なくとも自分たちの視野を広げ、共感する心を養うことはできる。そして世界各地で不公正や不正義にあらがう仲間と出会い、人間的な価値観と理想を抱く者同士であることを感じれば、より積極的に互いの物語に耳を傾けることができる。国際社会の支持を得るためには、政治エリートの心を動かすだけでなく、草の根の市民との交流も大切になる。同じ空気を吸って心を通わせ、価値観を共有することで関係性を深める。これもまた政治活動家が取り組むべき課題である。

最後に、世界各地で食糧危機の撲滅に取り組む組織やスタッフ、社会運動家への敬意をあらためて表したい。僕らは世界各地の課題に注目すべきであり、そうすることによって、民主主義的価値観に対する中国共産党の脅威についても、さらに多くの人びとに警鐘を鳴らしていきたい。望みどおりにならないことも、すべては貴重な学びのチャンスかもしれない。

出典　https://www.patreon.com/posts/sheng-huo-tan-er-42575595

二〇二〇年一〇月一七日

タイの抵抗者に声援を

一〇月一六日、一万人を超える民衆がバンコクの中心市街に集まり、政治改革を求める民主化運動に参加した。タイ警察は放水車を出動させ、平和的なデモを暴力によって排除した。人びとの求めを無視するタイ政府を、僕たちは強く非難する。関係当局は自制し、際限のない戒厳措置や政治的な逮捕拘束の代わりに、真の政治改革を進めなくてはならない。

七月に始まった学生運動は、宗教、国王、政治が三位一体となった一九三二年以来のタイの体制に、あらためて世界の目を向けさせた。政権による新未来党〔二〇一九年の国政選挙で躍進した野党〕の強制的な解散、一部議員の当選資格の剥奪、民主活動家の政党活動の制限という事態が起こり、さらには亡命した反対者の「失踪」への関与すら疑われる中で、政治権力が自制すべきであることをここに強調する。僕たちは絶対的に抵抗者の側に立ち、タイの民衆が求める国会の解散、国民への威嚇の停止、逮捕者の釈放、そして新憲法の制定などに賛同する。

いかなる地域においても信教の自由が権利として享受されるのは当然であるが、しかし政治権力がそれを理由に、啓蒙運動以来の自由と平等の思想を覆そうと試みるようなことは認められない。中世的な考え方に固執し、宗教教義と王権を口実に圧政を行い、そして人びとの自由と尊厳と基本的公民権をないがしろにするようなことは認められない。

二〇世紀における民主化の「第三の波」以降も、世界には非民主的な権威主義国が多くある。しかも、ただ存在するというだけでなく大いに勢いを取りもどし、僕たちが信じる民主主義の価値を甚だしく侵害している。この一年、香港、台湾、ベラルーシなど、各地で民主主義と自由を愛する人びとが目覚め、民主化という改革の道を歩み続けている事実を世界は目の当たりにした。

この民主改革の波は、必ずや暗闇に打ち勝つ。暴政に抵抗するために皆も立ち上がり、自由を愛する人びとへ声援を送ってほしい。

独裁は、僕たちの世代で終わらせよう。

張崑陽　羅冠聡

出典　https://www.patreon.com/posts/jin-ji-hu-xu-qiu-42826460

国安法の時代——配牌が悪いときほど戦略的に

二〇二〇年一一月一三日

恐怖は簡単に伝染する。

以前、ＲＴＨＫ（香港電台）のとある番組が僕へのインタビューを理由にネット上から削除された際、その決定に疑問を呈す従業員に詰め寄られた経営陣の一人は、（取材対象である僕が）国家安全法に抵触して指名手配されたので番組の公開を一時的に取りやめた、とあいまいな受け答えをしていた。あれから数カ月経つが、番組は今も削除されたままである。

ＲＴＨＫの労働組合が番組削除に抗議したことに、僕は言論の自由を守ろうとするメディア関係者の矜持を感じた。しかし同時に、これからしばらくは香港メディアにとって模索の時期が続くことも予感した。「羅冠聡にインタビューするのは一線を越える行為なのか」との疑念から、しばらくの間、僕への取材は激減した。香港メディアの記者の口から不安の言葉を直接聞いたこともある。

もちろん、何度か様子見をして僕への取材や引用が問題ないと分かってくると状況はもとに戻り、僕はアメリカの大統領選や国際戦線での活動に関する香港メディアの取材を再び受けるようになった。しかし、いくらか正常な状態に戻ったとしても、国安法下における不安と恐れは、やはりメディア関係者を躊躇させてしまう。これまで何の問題もなかった行為が「愛国的でない」として罪になるかもしれず、プロフェッショナルとしての価値観を守ることが政治権力に非難や攻撃の口実を与えてしまうかもしれない。政治権力は自分たちの言うことにただおとなしく従うよう民衆に求め、中国共産党を利する選択しか認めないからだ。

現在、「中共のロジック」の侵入が最も激しいのは教育界だろう。［民主化運動で］逮捕された教員が報復のように責任を追及されたり、生徒自身の考えであらゆる角度から「香港独立」について議論させた教員が免許停止になったり、あるいは大学などの高等教育機関が次々に学生自治会との関係を断ち、その活動を禁止して、会費の徴収を停止させるなど、いずれも「政治的な正しさ」という名目のもとに「教育のプロ」による判断が圧殺されている。生徒に自分の考えを持たせ、多元的な知を奨励し、学内の自治組織に協力するといった教育者の信条が、中国共産党の独りよがりな政治的利害のもとで犠牲を強いられている。

そして、このようなイデオロギー的な「主旋律」の空気は必ず伝染する。たとえば法曹界では、抗議者を弁護し、司法の独立を守ろうとする弁護士が、中国大陸の人権派弁護士のように「騒動挑発」の罪に問われる日が来るかもしれない。また、抗議者には協力しないことが原則となり、法律援助署〔香港市民に法的支援を提供する公的機関〕の職員が被告に何の支援もしなくなるかもしれない。さらには批判闘争の雰囲気が高まるなかで、法理に基づいて判決を下す裁判官が圧迫を受け、政治がらみの法廷から外されたり、解任されたりするかもしれない。そうなれば、中国共産党に抵抗する勇気ある裁判官はいなくなり、黄色リボン派に厳罰を下す裁判官だけが残る。

政治権力が振るう大なたで香港が徹底的に破壊される様を目の当たりにして、各種の専門職に従事する人びとは、白色テロの気配を感じ、政治的な弾圧を恐れている。暮らしの中でそれが負担にならないはずはない。自分ひとりで背負うならまだしも、家族や友人を巻き込んでしまうと考えると、ためらいは大きくなる。だからこそ僕は、メディアや教育界、法曹界で必死に抵抗を続ける人びとを尊敬する。僕らが置かれている状況はそれぞれに異なる。――社会には、勇気を持って大きな声を上げる人が必要だ。声が広まることで、より多くの人びとがこの都市を守る戦いに身を投じる。しかし同時に、僕らには、静かに自分の持ち場を守り、迫り来る権力に落ち着いて抵抗し、あるいはその矛先を避け、そして引き潮になったときに失地を回復する人も必要である。

僕らには、矢じりが必要であり、盾も必要だ。激しい感情が必要であり、根気も必要だ。恐怖は伝染する。——けれど、もし威嚇された僕らがいきなり十歩下がるのではなく、半歩ずつ堡塁を築きながら引き下がり、その後の日常の中で越えられそうな境界線を探ることができれば、ただただ敵の蹂躙を許すことはない。守ることのできた部分は獲得に等しい。僕はずっと、「非協力運動」とは日常に由来するものであり、一種の戦略である以上に、闘う意志の表れなのだと信じている。短期間の内に香港を取り戻すことは不可能かもしれないが、しかし少なくとも香港の零落を遅らせることはできる。

『アンディ・ラウの麻雀大将』という昔の正月映画に、主人公のこんな台詞がある。「配牌が悪いときほど、戦略的に打たなきゃダメだ」——配牌を見ただけで諦めないでほしい。混乱や動揺は、負けをひどくするだけだ。

出典　https://www.patreon.com/posts/sheng-huo-guo-yu-43839298

言葉にしたい気持ち

古い写真を整理していてこの一枚を見つけた
二〇一八年二月四日に撮ったものだ
みんな大爆笑している
何がそんなにおかしかったのかは思い出せないけれど
表情を崩す周庭
はにかむアイヴァン
あきれ顔の之鋒

アイヴァンと之鋒の体型がリバウンド前だから
僕らが初めて刑務所に入った後だと分かる
集まって 今後のことや世界の変化について語った
去年の抗議運動や今の国安法のことは予想もしていない
そして みんな散り散りになった

二〇二〇年一一月二四日

まる一日 落ちこんだ
気持ちを整理すべきときかもしれない
僕には悲しみだけじゃなく そのコインの裏側も見える
勇気 揺るぎなさ 懸命さ そして逆境に耐える姿
心の痛みを力に変えて 前へと進み続けたい
すべての離別は よりよき未来のため
まだ残された気力で この道を最後まで歩き抜こう

人は成長するにつれ かつての自分を裏切りがちだが
僕らはきっと二年半前に想像していた自分になっている
経験はひとつも無駄にしていない
すべてが充足しているようだ
十年後にも 初心を失っていないと感じられるだろうか

知ってのとおり 僕は感情表現が苦手で
誰かを励ますべき場面でも 舌がうまく回らない

その僕が言うと不思議かもしれないが 自分なりに言葉にしたい気持ちがある
こう締めくくりたい
Love you all ——みんなを愛している

［二〇一八年二月　端傳媒より］

「政治権力と対立する側に立つと決めて……そこに立ち続けるのはとても難しいです。相手はあらゆる手段で攻撃を仕掛けてきます。こちらが諦めるように仕向け、離反を誘うのです。そんな中で守り抜くことは……」立候補資格を剥奪された周庭（アグネス・チョウ）はそう語っていた。現在の彼女は「守り抜く」ことの難しさをより深く実感しているが、これまでの経験によって心の準備はできているという。今後どんな役割を担うのかは未定だが、今まで以上に多くを背負うことになるだろう。

黄之鋒（ジョシュア・ウォン）は取材の中で「議会での基盤を失っても、僕らには民衆という基盤がある」と何度も強調した。だが林朗彦（アイヴァン・ラム）は、民衆という基盤がフェイスブックの「いいね」やシェアにとどまってはいけないと感じ、世論に訴えることのできる場でよりリアルに人びととつながりたいと考える。羅冠聡（ネイサン・ロー）も、自分たちの影響力を保ちつつ民衆や市民社会と関係を構築できる環境づくりに向け、チームのさらなる想像力に期待しているという。

写真　端傳媒　https://theinitium.com/article/20180213-hongkong-demosisto/
出典　https://www.facebook.com/NathanLawKC/posts/2405801972904455

今はどん底でも、心はひとつ

二〇二〇年一二月二日

［黄之鋒、周庭、林朗彦の実刑判決を受けて］

実刑判決のニュースを知り　どう反応してよいか分からなかった
刑務所に入る三人と次にいつ会えるのか　正直　まったく分からない
周庭はほかにも国安法違反を問われているし

之鋒は天安門事件追悼集会の件でも起訴されている
政府がその気になれば 国安法を使っていくらでも罪に問うことができる
刑期が継ぎ足され どこまで続くか分からない暗いトンネルのように 出口が見えない
もちろん これは最悪の想定だ
だが反対派を弾圧する政府のやり口が 「期待はずれ」だったことがあったろうか
映画以上の想像を超えた状況が ひとつ またひとつと起こる
思い起こすだけで 海外にいる身にはこたえる
彼らは政治運動のリーダーであると同時に 僕の親しい友人だ
表に見える勇敢さだけでなく 裏にかくれた若さと葛藤が僕には見える
あるいは僕の表現力が足りないためか 筆舌しがたい戦友とのつながりのためか
鉄格子の中で三人が重ねる月日を想像することができない
誰にとってもつらい時期が続く
声を上げ続けるだけでなく 少し休みが必要なのだろうか
負のエネルギーが熟成されて 新たな活力に変わるかもしれない
之鋒が閉廷のとき言ったように 持ちこたえてほしい
意気消沈せず 行動によって投獄された数百の仲間を支えてほしい
彼らができない分まで できるだけ

この沈んだ空気のなか 最大の課題は 失意をどうやって原動力に変えられるかだ
その代償によって僕らが少しでも先へと進めるのなら それで三人も報われる
みんなの無事と 三人の健康を祈る
離れていても 心はひとつ

出典　https://www.patreon.com/posts/sheng-huo-di-mo-44578949

ロンドン生活——低迷と希望

二〇二〇年一二月一三日

香港にいても海外にいても、こう毎日のように悪いニュースばかり見せられると、やはり気落ちしてしまう。たとえどんな強心臓の持ち主でも。

僕はかつて低迷期を経験したおかげで、社会運動にはサイクルがあると理解できた。低迷期の暗闇をどうやり過ごせばよいか、そしてそこにどう光を見いだし、気持ちを立て直すきっかけをつかむのか、多少は知ることができた。

そもそも社会運動は、力の差が激しい対決である。どんなに楽観的な人間でも、資源や影響力の面で、デモに参加する抗議者が中国共産党に比肩できるとは思わない。ガンディーの独立運動も、マンデラの反アパルトヘイトも、僕らにとってより身近な台湾の民主化闘争も、いずれも長く凄惨な道のりを経ている。天の時、地の利、人の和がすべてそろって、はじめて暴虐な政治権力からあるべき権利と自由を取り戻すことができたのだ。

不可欠なのは忍耐と意志である。失敗は恥ではない。失敗したからといって絶望する必要はない。しかし一度の失敗に意気消沈して考えることをやめ、ただ勝ち負けにとらわれてシニカルに冷笑するだけというのは感心しない。これがサッカーならば、全盛期のブラジル代表と低迷期の香港代表が戦っているとき、どれほど点を取られても、僕らは赤いユニフォームの香港チームを応援するだろう。選手たちにボールを蹴る意志があれば、負けていても試合を投げ出すことはない。

もちろん、サッカーの勝敗と違い、政治は人びとの暮らしに直接的に影響する。抵抗の闘いは一人ひとりの将来や身の安全に関わり、都市の未来にも関わる。僕が物心ついてからだけでも、二〇〇九年の「五区住民投票」運動〔真の普通選挙実現を補欠選の争点とするために民主派議員五名が故意に辞職した〕、二〇一〇年の「菜園村」高速鉄道反対運動、二〇一三年の港湾労働者の大規模ストライキ、二〇一四年の雨傘運動、二〇一八年の「一地両検」〔大陸側のパスポートチェックを香港内でまとめて行う制度〕反対運動など……失敗に終わらなかった社会運動があったろうか。二〇一二年の国民教育反対運動の成功だけが特異だったのだ。

それも実際には、体よく分散された「愛国教育」が少しずつ香港の教育システムに浸透している。小学生の頃に読んだ文章に「人生の八割九割はままならない」という言葉があった。社会運動にもそのまま当てはまるだろう。社会運動は、そもそも発生の時点からそういう性質のものだ。権力者の力が強くなりすぎて、搾取や抑圧が度を越したからこそ、人びとは個人的な利害を超えた価値観によって抵抗に立ち上がる。圧倒的な力の差は社会運動の大前提であり、僕らはそのギャップとの付き合い方を学ぶ必要がある。どうしたって不利は避けられない。その不利を知りつつ、負けない心を持たなければならない。

香港の抵抗者が受ける抑圧はますます大きくなり、苦しみは深刻さを増している。軽い場合でも心に傷を負い、ひどい場合は行方知れずになり、陵辱され、何年も拘禁される。暗い低迷の時期であり、以前とは比べものにならないほど骨身にしみる。それでも僕らの希望は損なわれない。希望を失えば、原動力や変化もなくなってしまう。

「希望はよいものだ。たぶんいちばん。よいものは決してなくならない」――ショーシャンクの空に

希望を抱くのは甘さではないし、苦難から目をそらすことでもない。最も心の強い人は、苦痛の源に正面から向きあって、目を背けず、しかも理想や望みを失うことがない。ただ実際のところ、僕には、誰かの失望について論じる資格などない。いちばん苦しいのは僕ではなく、運動への僕の貢献もわずか

なもので、牢獄で日々を過ごす仲間たちとは比較にならない。けれども、牢獄の外にいて、いまのところ政治権力の最も苛烈な弾圧を免れている僕らもまた、暗闇の中で拳を磨き続け、苦渋によって自らを戒めなければならない。まだ試合は終わっていないのだからボールを追い続け、自分の役割を果たすことで、劣勢に立つ香港人を元気づけなくてはいけない。

サッカーの試合と違い、民主化運動には時間の制限がなく、また勝敗はさまざまな外部要因に左右される。試合終了のホイッスルだと思っても、それはまだハーフタイムかもしれず、あるいはまだまだ続く後半戦の再開の合図かもしれない。あるいは試合の出場者には、終わりのタイミングを決める力さえあるのかもしれない。まだ結果は出ていないのだから、結果論で何かを論じる必要もない。

二〇一九年以降の民主化運動については、もはや過去の事例は評価基準にならない。市民社会のさまざまな層で展開される全面的な持久戦の時代に入った。僕らの信念や結束、そして忍耐のすべてが、かつてないほどに試されている。また同時に、僕らが世界を動かす力も、過去数十年と比べて格段に上がっている。形勢の転換には時間がかかるとしても、変化は続いている。

空が暗いほど星は輝く。楽しいはずのクリスマスを間近に控えた冬の寒さの中、深く息を吸ってさらに前へと進み、空の果てにいる仲間のことや、鉄格子の中の仲間のことを思う。

出典　https://www.patreon.com/posts/sheng-huo-ying-44968622

巨大な相手を転倒させる小さな可能性

二〇二〇年一二月三一日

早く二〇二〇年が終わってほしいと誰もが望んでいるが、かといって二〇二一年が良い年になるのかは誰にも分からない。

僕もそうだ。

二〇二〇年は最悪だった。この歳末、地球上の多くの人がそう思っているはずだ。もちろん、香港人の苦しみはさらに深い。世界と同じようにコロナ禍の猛威にさらされるばかりか、中国共産党によるむき出しの政治的暴力に直面し、数千の仲間が罪に問われ、すでに数百人が刑務所の中にいる。

二〇二一年、僕は政治的庇護を求める立場で、よく知っているようで知らないこの異国の地での新たな生活を続ける。平行世界では、二〇二〇年に僕の立法会議員としての最初の任期が終わったはずだ。現実世界では、この四年間に、僕は立法会議員に当選し、資格を剥奪され、刑務所に入り、大学を卒業し、修士課程を修了し、そしてデモシストを離れて亡命し、家族との関係を断ち、このイギリスの地で国際的なロビー活動をスタートさせた。このような紆余曲折があろうとは、四年前の一二月三一日にはまったく想像できなかった。

二〇二〇年に香港人が共有した経験は、魔術的リアリズム小説よりも恐怖に満ちていた。二〇一五年に公開され香港電影金像賞の最優秀作品賞を受賞したオムニバス映画『十年』では、一〇年以内に起こるであろう香港の変化が描かれていた。だが、国家安全法の実現、香港基本法第二十三条（国家安全法）違反による抵抗運動のリーダーたちの投獄、そして密告社会の到来など、一〇年を待たずにわずか五年で実現してしまった。友人たちは投獄され、国家安全法の網が香港中を覆い、「三権統一」を完成させるべく、全体主義のパーツがどんどん実装されていく。新たな年を迎えるにあたり、僕らはあらためて自分にこう言い聞かせなくてはならない。——奇跡など起こらない。一見無駄に思える僕やあなたの日々の取り組みだけが、見かけは巨大な相手に思わぬ転倒をさせる小さな可能性の積み重ねとなる。

ここ数日、少し考えを整理していた。友人との絆について。ハヴェル［チェコスロバキア・ビロード革命の主導者］と黄色経済圏［デモを支持する店舗で経済圏を構築する運動］について。この乱れた世に、荒れ狂う風に吹かれたタンポポの綿毛が夕暮れをただよい、その遠くにさらなる漆黒が見えるとき、僕らはどうやって心を落ちつかせ、焦りを抑えるのか。暗い一年の始まりに、どう未来と向きあうのか。

僕の二〇二〇年は学びに始まり、思索に終わる。この危機の中でも強くあり、絶対に負けを認めない。そして考え続ける。僕らはどこまでも頑固でかたくなだ。この欠点だけは、僕は改めようと思わない。

道の途中　消えた夜明けの光を修理して
乱流のなかの君の無事を祈る

本当の愛ならどんな形でも
百の穴も千の傷もふさいでしまう
誰にも見透かされない
これは強さなんかじゃない
あらがうしかない状況だから
僕が支え続ける
君の心が安らぐように

——銀河修理員［Dear Jane、作詞：黄偉文（ワイマン・ウォン）］

出典　https://www.patreon.com/posts/sheng-huo-gao-de-45610488

第三部

民主主義と自由のゆくえ

——弱くても屈しない

米元政府高官の政策提言――目指すべきは「習近平打倒」か「共産党壊滅」か

二〇二一年一月二九日

「中国問題に精通した元政府高官」とだけ紹介される匿名著者によるある論説が関係者の間で注目を集めている。外交関係者の間ではトランプ政権の基本的な対中政策を方向づけた人物との見方も広まっているが（安全保障担当の大統領副補佐官を政権末期に退任したマシュー・ポッティンガーが書いたと推測する評論家もいる）、内容をよく読んでみると、前政権の政策を批判している部分も多い。いずれにしても外交政策に関わる人びとの間で議論を呼んでいるこの論説について、この機会に僕なりの分析をシェアしてみたい。

記事原文［"To Counter China's Rise, the U.S. Should Focus on Xi"（米ポリティコ）］https://www.politico.com/news/magazine/2021/01/28/china-foreign-policy-long-telegram-anonymous-463120

「中国台頭に対抗するため、アメリカは習近平をターゲットとすべき」と題する論説には「対中戦略の再構築についての提言」とのサブタイトルが添えられる。タイトルから分かるとおり、この論説はアメリカの対中政策に思想的な裏付けを与え、その戦略を完全なものにすることを意図している。

「アメリカが二一世紀に直面する最大の挑戦は、習近平専制下の中国の台頭である」と、冒頭からその論調は明確だ。アメリカの最大のライバルは、もはやロシアではなく、中国あるいは中共であるということだ。しかしここには、中国共産党の指導者が習近平であるか否かによって明確な違いがあるとする著者の基本的な考えも表れている。著者は、習近平をこれまでの中国の指導者とは区別しており、習近平に率いられた中国共産党は、毛沢東時代と同じように全面的に異論を排除する侵略的な拡張主義であり、鄧小平らが率いたような「現状維持政権」とは異なると考えている。民主主義世界にとって大きな脅威となるのは、中国共産党全体ではなく、習近平だというのだ。

そのため、アメリカは明確な戦略目標と実行計画を定めなければならないとする。著者によると、トランプ政権は警鐘を鳴らした一方で、実際の政策執行は混乱していて、自己矛盾もあった。明確な戦略目標を欠いたことがその原因だという。

著者は、アメリカの戦略目標がどうあるべきかを論じる前に、まず中国の本質に立ち返り、相手の戦略目標を考察している。指摘によると、中国共産党の体制はかつてのソ連とは異なり内部崩壊することはなく、九一〇〇万人超の党員を擁する中国共産党を崩壊させるというのは戦略として成り立たない。そのような戦略は習近平を取り巻くエリートの結束を強め、民族感情をあおって党と国の一体性を強化するだけだとする。

これに対し、習近平個人をターゲットとする戦略はより適切であるという。著者によると、習近平体制下の中国共産党はかなりの分裂状態にあり、党内には潜在的な反対の声が多い。中共を一枚岩と見なすのは未熟な政策だというのだ。アメリカの対中政策が目指すところは、二〇一三年以前への回帰——

る。五人の国家指導者の下で国際秩序と平和的に共存していた習近平以前の「現状維持政権」への回帰であると著者は説く。著者にとっての対中政策の要点は「分裂」と「回帰」であり、「滅共」など実現不可能な夢物語であるとする。

この考えを前提に、著者は習近平の戦略目標をいくつか挙げ、それらにアメリカは対抗しなければならないとする。そうすることで習近平体制に打撃を与えて、国と党、党と習近平の分断を促そうというのだ。それには経済改革が含まれており、またロシアを戦略的に味方に引き入れること、台湾への中共の軍事侵攻を防ぐことも含まれる。国際的には、人権擁護を中心とする国際秩序の維持を訴える必要があり、中国を中心とする世界秩序の形成を防がなければならないとする。もし習近平の野心に歯止めをかけ、ほかの指導者たちにかつての体制への回帰が中国にとって最善であると思わせることができれば、中国共産党の影響力の拡散を防ぐことができる。それはすなわちアメリカの勝利というわけだ。

論説の後段では、アメリカが習近平の野心にどう対処するか、その戦略的な考えをどう政策に反映するのかが述べられているが、ここでは個別の事項については言及しない。述べられている範囲はかなり広く、学術的なレベルで評価しようと思えば少なくとも十倍以上の文字数が必要だろう。これは内容の濃さを示すものであり、政策に興味のある方にはじっくり読んでみることをお薦めする。

僕は一通り読んでみて、かなりご都合主義的な（同時に現実主義的な）政策提言であると感じた。アメリカの利害に重心を置いた中国問題の分析であり、問題は習近平個人から生じていると認識されている。しかしながら、たとえ共産党内部で習近平への反対の声が強いとしても、それは必ずしも習近平が退いた後に二〇一三年以前のような「韜晦戦略」に立ち戻って目立たないように振る舞うことを意味しないだろう。すでに時代は進み、構造は転換していると僕は考える。中共の拡張主義や「戦狼外交」には、確かに習近平の個人的な野心という側面もあるかもしれないが、しかし同時にそれは中国共産党が統治の合法性を得る上での構造的な副産物でもある。

「中所得国の罠」による経済成長の鈍化に直面した中国共産党が、相対的な成長の衰えによって揺らいだ政権の合法性を、盲目的な愛国やナショナリズムによって補おうとするのは必然の流れだ。言い換えれば、習近平体制における対外拡張は経済発展の減速に伴う必然的な結果であり、中国共産党に絶対的な権力が集中していることとの後遺症でもある。したがって、たとえ中共内部に「離間の計」が成功して習近平を引きずり下ろしたとしても、中国共産党が政権の合法性を確保できる別の手段が見つからなければ、対外拡張や「大国」としての地位を固めるためのナショナリズムの利用は、そのまま続くと考えざるを得ない。

したがって、この種の構造的な問題を打開するためには、共産党が直面している正当性の危機を、さらに深刻化させなくてはならない。もっと多くの人びとが権力への関与と監視を求めるようになれば、中国国内における高圧的な統治や人権侵害が緩和され、その結果として二〇一三年以前の中国と世界の関係性に回帰する可能性が生まれる。中国共産党をアメリカの「最大のライバル」と見なすのは正しいが、あらゆる希望を「習近平打倒」に託してしまうのは、やや一面的な考えである。

しかし、いずれにしても重要な議論のきっかけには違いない。アメリカをはじめとする民主主義国家の陣営が望むべきは国際秩序の遵守か、中国共産党の崩壊か、それとも習近平の打倒なのか。目標が違えば、進むべき方向やその後のイメージも変わってくる。また国際情勢の変化にも合わせる必要がある。少なくとも、中国共産党について警鐘を鳴らすのが悪いことではないというのは、今の時点で確実に言えるだろう。

出典　https://www.patreon.com/posts/shen-du-fen-xi-46801147

ゆがめられる真実——李文亮医師の告発

二〇二一年二月七日

一年前、中国・武漢で内部告発を行った李文亮医師が新型コロナウイルス感染症で亡くなると、インターネット上で嵐のような世論が巻き起こった。中国の多くのネット民が言論の自由を求め、李医師の死を悼んだ。

それから一年が過ぎ、中国共産党は李医師の功績をこれ見よがしにたたえ上げ、海外の深刻な感染状況によって世論を一変させ、自らの強権的な管理を正当化している。言論の自由を求めた人びとの声はすぐにトーンダウンし、民衆感情の高まりという危機はいつもの「主旋律」によってかき消されてしまった。

しかし、中国共産党がいかに世論を操ろうとも、真実が覆い隠されてはならない。原因不明の肺炎の流行について勇気を持って警鐘を鳴らした李文亮医師は、当局に拘束され、迫害され、最後には自らも感染症の犠牲となったのだ。当局がいかに事件の全体像を曲解しようとも、この真実をねじ曲げてはならない。

李文亮医師が亡くなった日、僕はまだイェール大学にいて、周りの中国人学生が義憤に駆られる姿を目にした。なかには李医師の義挙をたたえる集会に出席すべくニューヨークへ向かった学生たちもいた。その時の僕は中国共産党の信頼が大きく揺らぐと考えたのだが、西側諸国の猛烈な感染拡大により、その予想は当たらなかった。ネット上で多くの民衆が立ち上がるという事態に中国共産党が直面したのは、ごく短い期間だった。多くのネット民がアカウント停止も恐れず政権批判の声を上げたそのタイミングで、突如として西側諸国の感染爆発が起こり、話題の中心は中国国内の防疫対策や海外在住者の状況、そして西側諸国の不甲斐なさなどに移ってしまった。李文亮の死は、当局によって感染症対策の英雄物語として語られるようになった。政治権力に利用された結果、内部告発や言論の封殺といった要素はすべて消えてしまった。

共産中国は一党独裁の全体主義国家であり、デジタルを駆使した監視や世論操作にも長けている。李文亮医師の死はまったく異なる二つの語られ方をするが、一年後の今日、明らかに優勢なのは中国共産党の「主旋律」である。全体主義の政権は、その欠陥のためにいつも困難に直面しているが、その困難を自らの資本に変える力も持ちあわせている。抵抗の道は果てしなく長い。……当局のプロパガンダによって埋められた真相が消えることなく人びとの心の中に残り続け、やがて時が来れば、再び立ち上がって権力に挑むであろうことを僕らは期待するしかない。

出典　https://www.patreon.com/posts/sheng-huo-zhen-47237161

ミャンマーの民主化のために

二〇二一年二月一七日

ここ数日、ミャンマーの反軍政デモに関する情報の整理に明け暮れている。ツイッター上でデモ側の情報をリツイートしたり、国際メディアに寄稿したり、また集めた情報を整理して中文でも発信している。事態の推移をより多くの香港人に知ってもらいたい。あるいは、なぜそこまで積極的に関わるのかと疑問に思う方も多いかもしれない。

その理由はいくつかある。まず、もちろん民主化運動を支援したいという想いがある。困難な状況にある友人たちを少しでも勇気づけたい。二〇一九年の香港の抗議デモを思い返してほしい。海外の政治家や有名人の言葉に僕らがどれほど勇気づけられたか。たとえそれが実際に何かを変えるものでないとしても、精神的な支えにはなる。どこかで同じような抵抗闘争が起こったとき、僕は自分も誰かを勇気づける存在になれると信じる。僕の声で高められる士気はわずかだとしても、全体主義にあらがう仲間のために自分ができることをしたい。

ツイッターで情報をリツイートしていると、ミャンマーのネット民から感謝のコメントを次々にいただく。自分たちの代わりにリアルタイムの情報拡散をもっとやってほしいという声も多い。相対的に貧困国であるミャンマーは、香港と違い、物資や技術が充足しているとは限らない。このところ国軍側によるネットの遮断も続いており、いつ外の世界との連絡が途絶えてもおかしくない状況にある。そのため、ミャンマーの外から抗議運動を見守り、情報を伝え続けてほしいと強く求められている。

また、当然ながら個人的な要因もある。この数日、僕はミャンマーで抗議デモを行っている各組織の友人と直接話をしている。香港の抗議運動での経験や国際戦線での取り組み、注目している点などについて話すことが多い。五、六年ほど前に、僕は青年活動家が集まる国際フォーラムに参加したことがあり、その時に何人かのミャンマー人学生とも知り合った。二〇二一年の現時点では、彼らも僕と同じですでに卒業し、さまざまな分野で働いている。ＮＧＯで活動を続けていたり、あるいはビジネスの世界に身を投じていたりするのだろう。

しかし、今回のデモでは、そんな彼らも皆立ち上がっている。刻々と更新されるフェイスブックから状況を知ることができ、僕も個別に安否を尋ねているが、国軍側に逮捕されないか心配である。モシィはそんなミャンマーの運動家の一人だ。僕が知り合った頃、彼はすでに学生団体を組織したことが原因で政府の抑圧を受けていた（当時のミャンマーでは学生の結社の自由が認められておらず、自主的な学生組織は違法だった）。組織活動を理由に逮捕される学生リーダーは多く、警察の手から逃れ国内で逃亡生活を送る者もいた。モシィの父親は民主派の政治活動家であり、数年前にやはりデモを理由に国軍政府に捕まって投獄されている。特別な友情とまでは言えないかもしれないが、同じ交流グループで何日か共に過ごした仲であり、彼が標的にされていないか心配になる。さいわいここ数日はそれほど危険な場面もなかったようで、少し安心している。

そしてもちろんミャンマー問題には中国の影もある。僕は、国際秩序や民主主義を脅かす中国共産党の権威主義の台頭について、世界の国々に警鐘を鳴らし続けるのが自分の使命だと考えている。ミャンマー軍政府が中国共産党の黙認と支援を得ている現状は、まさに独裁政権同士の結束であり、その拡張主義の表れである。以前、とある友人から、ミャンマー軍政府のファイアウォール構築を中共が手助けしているという話も耳にした。完成すれば、これまで以上に当局のやりたい放題になる。各国が足並みをそろえて中共に対抗することの重要さが意識され、徐々にではあるが指導者たちの行動も伴いつつある。

結局のところ、すべての理由は僕の個人的な情熱にすぎないのかもしれない。ミャンマーの人びとが全体主義に抵抗し、苦しめられる姿を見て、無意識のうちに何か手助けしたくなる。これまでの社会運動の経験が、僕をそう鍛え上げたのだ。心の底から全体主義を嫌悪し、そして抵抗者を尊敬してどこまでも支持するように。世界はますます悪い方向に変わりつつあるが、人間性の輝きはむしろ増している。

出典　https://www.patreon.com/posts/sheng-huo-wei-yi-47649239

香港の民主化はいかに圧殺されてきたか

二〇二一年二月二六日

公職者の宣誓について香港政府が公表したところによると、昨年行われる予定だった立法会選挙で資格剥奪処分を受けた区議会議員は、関連法案が可決されると区議会の議席を失うことになる。また、中国共産党は「国を愛し、党を愛する」者だけに立候補を認める選挙制度の改変も計画している。香港のあらゆる選挙から民主派を完全に締め出そうとしているのは明らかだ。

海外で遊説していると、香港の民主化に反対する中国共産党支持者に、香港人が植民地時代を懐かしむのはおかしいと指摘されることが多い。決して民主的ではなかったイギリス植民地時代にはとくに反発しなかったのに、九七年の主権移譲後になって中国共産党へ反発するのは、典型的な反中的態度だというのだ。民主派の議会進出の道がすべて閉ざされようとしている今、イギリス統治時代の香港の民主化が中国共産党の圧力によっていかに阻害されてきたのかを振り返るのは、ちょうどよいタイミングかもしれない。

第二次世界大戦後、多くの植民地を擁する大英帝国の崩壊が始まった。すでに世界中に散らばる植民地を維持する力を失っていたイギリスは、戦後の脱植民地化の流れのなかで、多くの植民地に相当な自治と民主化を認めるようになり、現地住民の選挙による民選政府が各地で樹立された。現在、独立した民主主義国家として知られるいくつかの国は、かつてはイギリスの植民地だったのである。カナダ、オーストラリア、ニュージーランド、南アフリカはすでに二度の世界大戦前から独立一歩手前の「自治領」であったし、第二次世界大戦後はインド、パキスタン、シンガポールなどのアジアの植民地がいずれも自治領となり、独立へ向けて自らの民主的な政治制度を構築していった。

しかし香港は、自治領になることはなくずっと植民地のままで、民主化も進められなかった。戦後、アイチソン・ヤング総督が香港の民主化に向けた「ヤングプラン」を示したが、中国共産党の強い反発を受けて最終的には否決されてしまった。立法局に選挙による議席が設けられたのは一九八〇年代になってからである。第二次世界大戦から一九八〇年代までの四〇年間、選挙によって選ばれるのは市政局［イギリス割譲地の地方議会］の数議席だけであった。

香港の民間の政治団体は、すでに一九四〇年代、五〇年代から、民主的な政治制度の拡大を求めていた。たとえば市政局の民選議席を持つ香港革新会や香港公民協会などである（皮肉なことに、この二つの団体は一九八〇年代に親中派に合流してしまった）。このことから明らかなように、香港の人びとが民主的な政治制度を支持する声は一貫して存在していた。ヤングプラン失敗の主な原因は香港市民の無関心ではない。

近年公開されたイギリス政府の機密文書には、中国共産党の干渉によって香港政庁が尻込みしたことが示されている。香港の民主化が進まなかった主な要因が中国共産党の反発であったことは、一九五〇年代から七〇年代にかけてのイギリスの香港関連の文書を研究した香港人歴史学者によって確認されている。[注1] 一九五〇年代、六〇年代の段階で、すでに中国共産党はイギリス政府に対して二度の警告を行っている。香港を自治領としてはならず、自治政府を成立させてはならないという警告であり、さもなくば武力による香港奪取も辞さない構えだった。軍事的に侵入する外敵からイギリス軍が香港を守りきれないことは第二次世界大戦の際に証明されている［一九四一年に日本軍が占領］。香港への軍事侵攻を回避するためには、武力による中共の威嚇に屈して、民主化を先送りするしかなかった。

一九八〇年代の中英交渉によって一九九七年の香港の主権移譲が決まり、中国は香港に「高度な自治」を約束した。当時のイギリス政府は、移譲後の香港政府が滞りなく運営されるように、一九九七年までに香港に十分な自治制度を確立する必要があった。こうした歴史的背景から、それまで一切選挙が行われていなかった立法局にはじめて間接選挙による議席が導入された（一人一票の選挙ではない）。当時のイギリスは香港総督の選挙についても構想し、民主的なトップの選出を既成事実化することも考えていたが、政治情勢や予想される中国の強い反発を考慮した結果、この問題は棚上げされてしまった。[注2]

九〇年代には、天安門事件の勃発で香港の将来について不安を覚えた香港人の多くは、中国共産党が約束どおりに香港の自治や生活様式を維持させるとは信じなくなっていた。そこでイギリス政府は香港人の自信を回復するための政策を実行に移す。その一つが九二年に示されたクリストファー・パッテン総督の政治改革案であり、タイミング的には香港の民主化を加速させる最後のチャンスだった。改革案のなかでも中国共産党が最もはげしく反発したのは立法局に導入される九つの職能別議席（「新九組」といわれた）である。これは企業経営者だけに投票権のあった「企業投票」とは異なり、香港で働くほぼすべての個人をカバーするもので、実質的には直接選挙の議席を九つ増やすようなものであった。当時、中国共産党はパッテンの改革が「香港基本法」に穴を開けるものだとして厳しく批判し、改革案が立法局で可決されると、主権移譲後も立法局の議員資格がすべて自動的に引き継がれるとしていた方針を撤回した。別途、中国共産党の手による「臨時立法会」が設けられることになり、それまでの民主化の成果は完全に破壊されてしまった。

これらの事例から分かるように、植民地時代のイギリス政府には香港の民主化を進める意志があったのだが、数十年にわたり中国共産党の武力による威嚇を受け続け、断念せざるを得なかったのだ。大々的な民主化が不可能であるこの状況で、イギリス政府は次善の策として、国際都市香港を世界的な金融システムに組み込むことで、国際的なセーフティーネットを構築した。中国共産党が香港の自治を破壊しようとした場合でも、各国政府が香港の経済的利益を盾にそれを阻止できるというのが当時のイギリス政府の考えだった。[注3] しかしながら、これほどまでに中国が台頭するとは歴史を予見できなかった。中国共産党に自治を侵食され、香港は中国の一都市に変わってしまいつつある。ほかの都市と異なるのは、香港人の民主化への決意がずっと存在している点である。中国共産党は過去数十年にわたって香港人の自由獲得を阻み続けた猛獣といえる。

注1　毛来由「為何英國不早給香港民主？英國檔案提供的答案」 https://storystudio.tw/article/gushi/%E7%82%BA%E4%BD%95%E8%8B%B1%E5%9C%8B%E4%B8%8D%E6%97%A9%E7%B5%A6%E9%A6%99%E6%B8%AF%E6%B0%91%E4%B8%BB%EF%BC%9F%E8%8B%B1%E5%9C%8B%E6%AA%94%E6%A1%88%E6%8F%90%E4%BE%9B%E7%9A%84%E7%AD%94%E6%A1%88/

注2　香港前途研究計画「胎死腹中：失落了的『前九七』港督選舉」 https://medium.com/decoding-hong-kongs-history/%E8%83%8E%E6%AD%BB%E8%85%B9%E4%B8%AD-%E5%A4%B1%E8%90%BD%E4%BA%86%E7%9A%84-%E5%89%8D%E4%B9%9D%E4%B8%83-%E6%B8%AF%E7%9D%A3%E9%81%B8%E8%88%89-bab562ae9ce

注3　香港前途研究計画「英方如何在國際層面恢復港信心？」 https://medium.com/decoding-hong-kongs-history/%E8%8B%B1%E6%96%B9%E5%A6%82%E4%BD%95%E5%9C%A8%E5%9C%8B%E9%9A%9B%E5%B1%A4%E9%9D%A2%E6%81%A2%E5%BE%A9%E6%B8%AF%E4%BF%A1%E5%BF%83-feed2fd1884d

出典　https://www.patreon.com/posts/fen-xi-zai-zheng-48014614

香港——美麗島

二〇二一年三月二日

昨夜未明、二時半にようやく西九龍の裁判所を出た民主派の同志たち。最後の護送車が拘置所に着いたのは六時半というから、本当に顔を洗うくらいの時間しかなく、八時半には再び法廷へと護送された。十数時間に及ぶ尋問を受け、体力の限界で倒れた者もいる。彼ら四十七人は精神的に疲弊した状態で連日の尋問に臨んでいる。

問われている罪名は「国家政権転覆共謀罪」である。財政予算を否決し、政府提案の議案に反対することを目論んで立法会選挙の予備選〔二〇二〇年七月に行われた〕に参加したというのだ。香港基本法で認められている議員の権限が、転覆行為を構成するらしい。

結局のところ、彼らが参加を望んだ立法会選挙は実施されず、予備選の目的である「当選」を実現した者は一人もいない。

つまり検察当局は、議員にならなければ実行できない合憲的な転覆行為（何とも奇怪な概念であるが……）について、もはや議員になる可能性が皆無である民主派を訴追しているのだ。そのでたらめさ加減は、国家機密を盗み見たとして目の見えない人を罪に問うのに等しい。

尋問は法律とは無関係に行われている。中国共産党がただ露骨に権力を乱用し、法廷の場を借りて自らの力を誇示しているだけだ。初日の検察側のでたらめな陳述から分かるように、政府が行った法理上の事前準備はまったくいい加減である。国家安全法の法廷であるという先天的な優位だけで自由に結論を決められる裁判を国家レベルで上演しているのだ。

四十七人には最高で終身刑が科される可能性がある。刑の重さは、戒厳令時代の台湾で起きた「美麗島事件」［一九七九年に雑誌『美麗島』主催のデモ活動が警官隊と衝突し、主催者らが投獄されるなどの言論弾圧に遭った事件］の裁判で死刑の可能性があったのと一段階しか変わらない。

もちろん、実際にどの程度の厳しい判決になるのかはまだ分からない。美麗島事件のように終身刑や十年以上の厳罰が下されるとは限らない。しかし、規模やでたらめさ加減においては、今回の件と美麗島事件にさほどの隔たりはない。

香港ではこれまでにも「香港版美麗島」といわれる政治犯裁判がいくつもあったが、罪名や裁判の経過、法理のでたらめさ、最高刑の刑期、被告の人数や社会的地位など、今回ほど近しい事件はこれまでになかった。

今回の四十七人は香港で最も活躍している政治家・政治活動家の面々である。ずっと進歩派に批判されてきたハト派政党の重鎮もいれば、ビジネスの世界からの転身者や、自分が訴えられたので仲間の法廷に立つことのできない弁護士、長年にわたり地道な活動を続けてきた区議会議員、さらには最前線に立ち続ける社会運動の精神的支柱も含まれる。さまざまある反対派の陣営がすべて網羅されているといっても過言ではなく、中国共産党はこれを「一網打尽」にする大勝負に出ているともいえる。しかし、このような手当たり次第の全面的弾圧には、民主派の各陣営間の分断や相違を再び解消させ、互いの信頼や支持をより強固にしているという側面もある。

政治の現実は残酷である。警察署に入る直前の彼らの発言からは、長期間の拘留や投獄を覚悟している様子がうかがえた。彼らの多くは毅然とした態度で、市民に対して気落ちしないようにと呼びかけていた。彼らはどこまで強心臓の持ち主なのだろう。これほどの困難な状況下で、自らが果てしない暗闇に向き合いながら、まず人びとのことを気にかけているのだ。

「香港版美麗島」の意味するところは何も裁判だけではない。彼らのあの輝きこそが「光のドーム〔原文は「光之穹頂」。台湾高雄の美麗島駅にある世界最大級のステンドグラス作品の名称でもある〕」のようにこの都市を照り輝かせ、「美しく麗しい島」へと変貌させるに違いない。

香港のために献身する政治活動家、法廷の外で十数時間見守った市民、法廷の内で法の支配を守る弁護士、最新情報を伝え続ける記者、そして街頭に再び響き渡る抗議のスローガン。人びとの意志や勇気、そして自由の追求のなかで、香港の美しさは再び育まれる。抵抗闘争の経験はどこまでもほろ苦い――。犠牲の先にさらなる光が見える。

林鄭月娥（キャリー・ラム）やその圧政は、香港の本来の姿ではない。僕らの香港を構成するのは、危機に際しては身を挺し、民主主義と自由のためにたゆまず努力する多くの名もなき香港人である。

香港の輝きを再び見せてくれたことに感謝する。歴史のなかでその精悍な顔つきを目撃した僕らは、再び街頭へと繰り出し、自由のために、そして民主主義のために声を上げるだろう。

出典　https://www.patreon.com/posts/sheng-huo-xiang-48206885

「二〇二一香港憲章」――離散した香港人が共にする未来

二〇二一年三月一四日

香港人へ

- 二〇一九年の抗議運動以来、国際戦線では多くの反響を得ているが、二〇二〇年に国家安全法が施行され、香港本土における国際的な連携は厳しく制約されている。それに伴い、海外の離散香港人コミュニティが抵抗の声を上げ続ける責任は大きくなっている。
- 劉暁波が起草した「〇八憲章」や、チェコスロバキアのビロード革命につながった「憲章七七」のように、苦難の時代に人びとの声は排除され、訴えは重視されない。だが、だからこそ叫ばねばならない。憲章はこの時代の声を伝え、信念を書き留める。
- ゆえに離散香港人の信念と力を結集し、「二〇二一香港憲章」を通じて、今も香港の地で強権政治への抵抗を続ける仲間たちや世界中の友人たちに、香港人の持つ価値観と意志を示したい。海外にいる私たちは香港の仲間と共に「光復」への道を着実に歩んでいるのだと、ここにあらためて表明したい。

- 「同じ山の頂を目指す兄弟」という信念のもと、この憲章は実体のある組織をつくらず、署名した個人や組織の行動戦略を取りまとめることも企図しない。各発起人の政治スタンスや背景には違いがある。しかし、海外在住の香港人が香港の価値観を守り、民主化運動への国際社会の支持を得て、小異を残して大同を求める協働の理念によって前進し続ける、という信念を私たちは共有する。香港共同体をより厚みのあるものにすべく、憲章内容に賛同できる各地の香港人に署名に加わってほしい。私たちが香港を忘れることはない。力の限りを尽くし、必ずや香港を取り戻す。

発起人：羅冠聡　張崑陽　許智峯　梁頌恒
黄台仰　梁継平　周永康　鄺頌晴

出典　https://www.facebook.com/NathanLawKC/posts/2499059636912021

「二〇二一香港憲章」の根底にあるもの

二〇二一年三月一六日

「二〇二一香港憲章」は何か驚くような新機軸を含むものではないし、中国共産党を打倒する綿密な大計画というわけでもない。もし誰かがそんな妙計があると吹聴しているとすれば、十中八九ペテンだから警戒した方がいい。

魔法の水晶はどこにも存在しない。国際情勢の変化は目まぐるしく、香港政局の後退の速さも予想しがたい。その教えに従えば天地をひっくり返せるような「天啓の書」などあるはずがない。

僕はずっと「希望があるから続けられるのではなく、続けるからこそ希望を持つことができる」という考えで社会運動や政治運動に関わってきた。希望を抱くことはもちろん重要だが、正義についての最も基本的な価値判断を伴わないまま、あるいは公正な社会へのビジョンを欠いたままでは、この厳しい外部環境の中で、極めてリスクの高い政治活動に無条件に参加することはできない。

この憲章は「自分にできることを徹底する」という哲学から生まれた。構想の段階から、これは海外における活動の中心軸とはならないし、遊説活動の「メインステージ」とも違うと分かっていた。ましてやすべてを解決する「天啓の書」などではない。その根底にあるのは、次のようなとてもシンプルな考え方だ。――僕らは香港で抑圧されている友人たちに団結を示す必要がある。また、海外にいる香港人が国際的な活動における自らの役割を自分で考えるための参考を示し、生活のなかに香港人の尊重する価値観を浸透させる必要がある。

民主派の一斉逮捕と政治制度の改変を経た香港の落ち込みぶりは想像できる。無力感にさいなまれている友人も多い。僕はどうにかして伝えたかった。この道を、まだまだ多くの人間が共に歩んでいるのだと。香港を離れたのは、多くの人にとって「選択」ではなく避難だった。だが中国共産党の脅威から逃れて身の安全を確保できれば、より多くの責任を担えるようになる。香港で市民社会を支える友人たちの代わりに声を上げ、世界に訴えかけ、香港人の価値観や自由への信仰を守ることができる。それは自分たちの共同体の力になる。どんなわずかな力でも構わない。

自分たちも同じ価値観や目標そして意志を失っていないと示せば、「同じ山の頂を目指す兄弟たち」の姿がそのまま描き出される。それは長く続くであろう香港人の抵抗闘争における大切な一歩だ。具体的な行動に取りかかる前に、信じる理念のアウトラインをはっきり描くことで、互いの理解が深まり、離散したグループ同士、香港人同士での対話が広がる。僕は海外の香港人コミュニティの複雑さを過小評価しているわけではない。複雑だからこそ、僕らは憲章を構想する際に実質的な組織をつくらず、「作者の死」を前提とする宣言とした。人びとが読み解き、活用することで、それは離散香港人が世界に訴えかけるための共通言語となる。

この目標のためには、方向性や背景の異なる仲間で議論を重ね、互いに衝突しながら執筆を進めることが重要だった。当初から僕は、「鉄の意志」を持った一人か二人が全編を書き上げるという可能性を排除していた。それでは強烈な「個人主義」のスタイルとなってしまい、個人が必然的に持つ盲点にはまりやすい。この憲章の構成、方向性、スタイル、そして内容は、すべてチーム作業によるものである。発起人がチームに加わった時期はばらばらだが、全員に、憲章の発表前に内容をチェックして、どんな細かなことでも修正を提案できる権限があった。

このような形で参加をオープンにすることで、各方面にバランスの取れた内容に整理し、離散香港人コミュニティのより大きな文脈の中で支持を集め、多くの人が賛同できる「香港人の憲章」となる。話し合いのプロセスに時間がかかることがその代償だ。最終的にはなんとか仕上がったが、まったく前に進まず、方向を見失いかけたこともあった。

八人の発起人には、それぞれに進めている計画がこの憲章以外にもあり、戦いの場も違えば考え方も異なる。しかし大きな敵を相手にする際には、少なくともコミュニケーションや協力の可能性を確保しておく必要がある。そうしなければ誰も持ちこたえられない。憲章の根底にある考え方はシンプルだが、その醸成プロセスには想像以上の時間がかかり、困難にぶつかることも多かった。だが、仕上がった成果物は自分たちに可能な限界にかなり近づいていると思う。読者の皆さんにもそれを感じてほしい。そして香港を取り戻すために力を貸してほしい。——どんな些細なことでも構わない。失敗を恐れてためらわないでほしい。

出典　https://www.patreon.com/posts/sheng-huo-gang-48799694

国家の前には存在しないもの

二〇二一年三月二六日

「国家の前にアイドルなど存在しない」

これはピンクの愛国戦士（小粉紅）たちが言いそうなセリフである。かつての韓流禁止令、台湾・香港の独立支持者へのバッシング、そして今回の新疆綿応援の愛国的な運動でも、例外なく耳にする言葉である。

アイドルに限らず、「国家」の前では真実も、人権も、博愛も、自由も存在しない。人びとは「国家」の前に土人形のようにひざまずき、立ち上がる権利を持たない。

「国家」の前では、再教育収容所に入れられるウイグル人も、涙ながらに収容所内での性的暴行を訴える被害者も、衛星写真にはっきり写る増築された収容施設も、失われたモスクも、行方の分からない家族たちも存在しない。

「国家」の前では、ウイグル人たちの証言はすべてでたらめであり、家族を心配して流す涙はすべて嘘泣きであり、中国共産党に家族を連れ去られたという必死の訴えはすべて捏造であり、囚人服を着た多くのウイグル人が目隠しのまま拘束されている映像はすべて虚妄である。

新疆綿を応援する彼らがウイグル自治区での暴力を否定するとき、真実が試されている。被害者の言葉を聞いたときの感じ方や、被害者の身をもっての体験や、明らかな証拠を前にした僕らの判断能力が試されている。僕らの良心が試され、目先の利益につまずいてしまわないかが試されている。
「国家の前にアイドルなど存在しない」のなら、良心の前ではどうか？
前にネット上で見たこんな話を思いだした。

学生の頃の実体験ですが、当時、釣魚島［尖閣諸島］の問題が大きな騒ぎになっていて、ある同級生の男が、仲間と一緒に、同じシェアハウスの日本語学部の女性の部屋にあった日本に関係する物を、彼女が留守の間に手当たり次第に壊し、落書きしたことがありました。それはやり過ぎだと指摘した私に、その男は、彼女が夜いつも日本の友人とオンラインで話しているせいでゲームや動画の通信速度が遅くなり、ずっと気に食わなかったのだと答えたのです。私は心の底から恐怖を感じました。彼らにとって愛国とは、信条ではなく道具に過ぎないのです。

愛国主義は、ならず者たちの最後の避難場所である。

出典　https://www.patreon.com/posts/sheng-huo-guo-wu-49209846

共に民主化運動の道を歩むという光栄

二〇二一年四月一七日

「これは黎智英（ジミー・ライ）が自由の身で受ける最後のインタビューである」

ＢＢＣが伝える黎智英とアップル・デイリーの報道カメラマンへのインタビュー記事は、そう締めくくられている。取材の一部は黎の自宅で行われた。テーブルいっぱいにならぶ果物や菓子類から、インタビュアーへの心遣いがうかがえる。

「それ（刑務所の外での生活）はただ平穏に過ぎていくが、刑務所の中での私の生活は意義にあふれている」黎智英は平穏な暮らしが失われるだろうとの問いに、そう答えた。

「香港に来たときの私は無一文だった」「私が持つすべては、香港に与えられたもの」

「今回は私がお返しすべき時なのかもしれない。これ（拘禁）はつまり私の『あがない』だ」

簡単な受け答えからも、彼がすでに「拘禁」という現実について考えを重ね、それに平然と向き合うだけの心の整理ができていると分かる。

しかし話題が変わり、家族が巻き添えになるのは怖くないのかとインタビュアーが尋ねると、黎の目から涙があふれた。

「たしかに怖い……あなたの言うとおりだ」

正義を貫く仲間たちがいかに平然と自らの投獄に向き合っていたとしても、心の中で一番不安に思っているのは、家族や近縁者に危害が及ぶ可能性である。中国共産党は大陸の人権派弁護士の家族を迫害し続けている。それが正義の士の弱点と見て、ためらいなく攻撃するのだ。

現在行われている尋問を見ても、求刑される刑期があまりにも現実離れしていて憤りを感じるし、子どもの頃からニュースで見知っていた諸先輩方が老いてなお毅然と尋問に応じている姿に、いたたまれない気持ちになる。

梁国雄、李柱銘、黎智英、李卓人、呉靄儀、何秀蘭、何俊仁……彼らは皆、何の見返りも求めずに、人生の最盛期を市民や民主主義の道にささげてきた。そして多くの浮き沈みを経て、この法廷や刑務所という中継地点にたどり着き、苦難に満ちたその場所でなお自らが信じる使命を掲げている。

若者も、亡命者も、民主化運動の古参も、誰もがこの果てしない苦難の道を歩み続けている。

僕らも共に歩み、人びとの苦しみや悲しみや憂いを、共に分かち合いたい。民主化運動の道を彼らと並んで歩めるのなら、僕は光栄に思う。

インタビュー記事　https://www.bbc.co.uk/news/world-asia-56770567

出典　https://www.patreon.com/posts/sheng-huo-neng-50125782

初めての六四集会

二〇二一年五月八日

去年の六月四日、僕はロウソクに火をともし、戦々恐々としながらビクトリア公園のサッカー場に座り込み、三十年の月日を経ても変わらないスローガンを叫んだ。今年は異国の地で六月四日を迎えることになるが、やはり集会場所に集まって先人たちの死を悼むだろう。

六四集会——天安門事件追悼集会は、僕が政治に目覚めるきっかけの一つだった。友人に誘われて六月四日のキャンドル・ビジルに初めて参加したのは、高校生の頃だった。立ち襟のパウダーブルーの服を着ていた僕は、暗めの色合いが多い人びとの中で明らかに浮いていた。銅鑼湾駅のE出口からグレートジョージストリートを抜けると、途中、多くの人が政党ブースで演説していた。見たことのある顔ぶれも多かったが、名前までは分からない。当時の僕は政治に熱心ではなかった。民主主義や人権といった概念をようやく知ったばかりで、六四集会に参加したのも友人の誘いがあったからだ。街を埋めつくす群衆や演説する人びとが物珍しく、自分の知っている世界とは違っていた。

当時の僕にとって銅鑼湾（コーズウェイベイ）はなじみのない場所だった。東涌（トンチョン）に暮らす団地っ子にとって、きらびやかな香港島の商業エリアはまったく無縁の地であり、買い物や遊びでも来たことがなかった。ビクトリア公園がどっちにあるかも分からず、群衆の流れについて行った。噴水のところにたどり着いた頃には、たくさんのビラや冊子で両手がふさがっていた。各政党や学生団体などが作成したもので、一九八九年の民主化運動や六月四日の惨劇についての見解がいろいろと書かれていた。僕にとっては政治入門の読み物だった。ここ数年の六四集会では、配布物をそこまで熱心に読むことはない。政治活動をしていると、この六四の時期は本当に忙しい。むしろ僕も冊子をつくる側になったわけで、あの頃のような物珍しさはない。しかし、その種の読み物を初めて目にしたときには、新たな認識の世界が広がったように感じた。歴史に関する知識が補填され、香港にとっての六四の意義がより深く理解できるようになった。

待ち合わせをしたハードグラウンドのサッカー場まで何とかたどり着くと、群衆の中についに友人たちの姿を見つけた。そのうちの一人はお婆さんと一緒に来ていた。僕には思いもよらない光景だった。幼い頃からずっと、両親が香港の民主政治や抗議デモについて話すことはなかったし、集会などに家族で一緒に参加するという発想もなかった。彼らは、僕が人生の中で初めて見た「デモに一緒に参加する家族」といってよい。それは当時の僕の世界がいかに狭いものであったかという証拠でもある。僻地の公営住宅に暮らし、似たような背景を持つ中高生や若い世代とだけ関わり、都市の広さを知ろうとしなかった。

かなり早めに着いた僕らは、グラウンドの空いている一角に座って準備を始めた。夜のキャンドル・ビジルのための準備だ。初体験の僕は、ロウが手や地面に垂れないように紙を筒状に巻く伝統作法すら知らず、手取り足取り教えてもらった。六、七人のグループの中に、ヘナタトゥーの道具を持ってきた

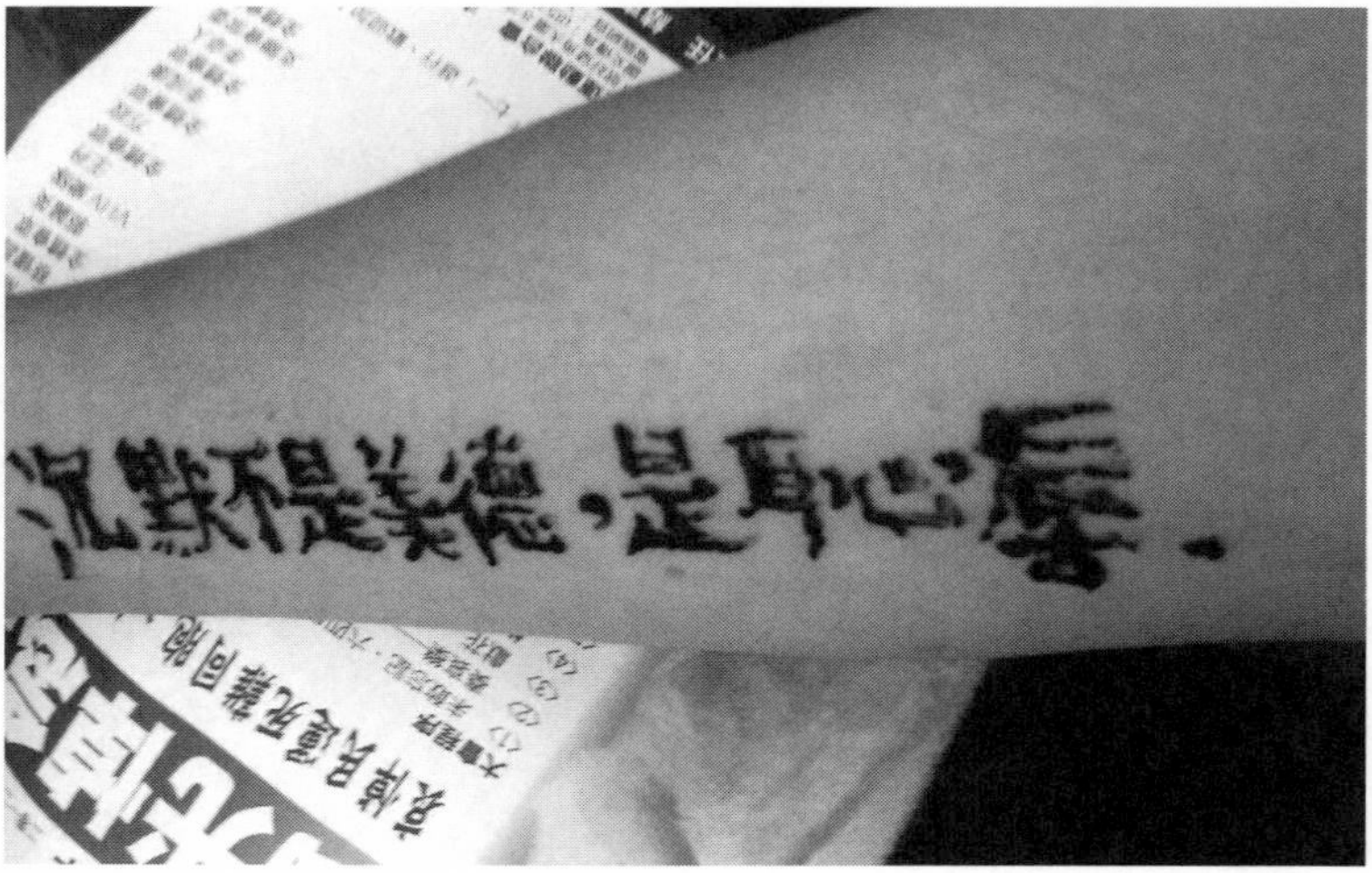

手先の器用な人がいて、各々が思いついたフレーズを腕に書いてくれた。

僕の頭に浮かんだのは、印象深い次のフレーズだった。

「沈黙は美徳ではなく、恥である」

このかりそめのタトゥーは、ロウソクに火をともしスローガンを叫んだこの夜にふさわしかった。ヘナタトゥーのインクは何日かすると薄れていったが、その文字は僕の心に永遠に刻まれた。

その当時は、ビクトリア公園での集会の炎が消されてしまうとは想像もしていなかった。ずっと毎年、この日は日常のこまごました事柄から離れ、仲間と一緒に大切なことだけを考えていられると、そう思っていた。都市全体が「沈黙」を強いられ、「国家」をたたえる美辞麗句だけが残る。香港は唐突に、北の帝国の下に横たわる「恥辱の柱」に変わってしまった。

去年、ビクトリア公園のサッカー場にいた僕は、それが香港の地でロウソクをともし、失われた命と自由を追悼する最後の年になるとは思いもしなかった。周りにいた仲間たちは皆、信念の代償を払っている。沈黙を拒絶し、都市の喧噪を取り戻すために。あるいは異国の地でともすロウソクの火も、彼らの夢を照らし、眼前の闇を切りひらくだろう。明かりのあるところに人はいる。ロウソクのかすかな明かりが、諦めてはいけないと僕らを戒める。

出典　https://www.facebook.com/NathanLawKC/posts/2544482395703078

母の日の意味

二〇二一年五月九日

以前までの母の日は、どんなに忙しくても仕事を切り上げれば家族と夕食を共にできた。実のところ、これまで僕はこういった記念日に特別な意味を感じていなかった。もしかすると家族と過ごすというのは口実で、まだ終わりそうもない用事をいったん切り上げたかっただけかもしれない。

けれども今年からは、母の日に新たな意味合いが加わった。政治的圧迫によって多くの家族が離ればなれになっていることが、やはり思い出される。それが勾留であっても、服役であっても、あるいは亡命であっても、母たちは静かに帰りを待ち続けるのだろう。日々を重ね、歳月を重ね、いつか正義が示されて家庭のぬくもりを取り戻すまで。

世界中の母親たちに感謝の言葉をかけるとき、鉄柵の向こうや海の向こうにいる者たちのことも、心にかけてほしい。

出典　https://www.facebook.com/NathanLawKC/posts/2545429452275039

之鋒の表紙が教えてくれること

二〇二一年五月一一日

黄之鋒（ジョシュア・ウォン）が米ワイアード誌の表紙を飾った。見出しには「すべてを変える、民主化運動の闘士――ジョシュア・ウォン」の文字が躍る。ワイアード誌は、テクノロジーが人びとの生活、文化、経済、政治などに及ぼす影響について論じるアメリカの有名な月刊誌であり、過去にはテスラのイーロン・マスク、フェイスブックのマーク・ザッカーバーグ、マイクロソフトのビル・ゲイツなど多くの起業家が表紙を飾っている。

この低迷期に香港を代表する活動家が注目を浴びるのは、ありがたいことだ。中国共産党の圧倒的な攻勢の前に、香港人は反撃の糸口を見いだせず、無力感が社会を覆っている。わずかに残された陣地を守ることすら難しい。悪いニュースが次々に伝えられる中、有効な反撃を行えない国際戦線は「何もしていないのと同じだ」とネット上で叩かれる。

そんな評価に僕はやりきれない気持ちになるが、しかし理解もできる。香港では、誰もが白色テロの恐怖と向き合っている。警察が突然部屋のドアをノックして自分を拘束しに来るかもしれない恐怖の中で日々暮らしている。失望した人びとが、表舞台に立つ活動家に反感を覚えてしまうのは当然のことだ。僕はつねに反省している——足りないところはないか、運動の方向性は間違っていないかと。僕が自分の活動について積極的に発信するのは、僕が行動を続けていることを知らせ、活動の中身に何か問題がある場合には、すぐに指摘してもらうためだ。

しかし、国際戦線に足を踏み入れた当初から言っているように、この世界に「救世主」はいない。海外にいる僕らは、香港問題への関心を高めるために可能な限りのことをしているが、それでもマイナス要素をすべて覆すことはできない。各国の中国依存を解消し、長年にわたる習慣を完全に変えることはできない。何かこちらに有利な情報があっても、しかし、その国の内政問題や党派争いの激化、あるいは感染状況の悪化など突発的事態が起これば、すぐに消し飛んでしまう。国際政治の動向は目まぐるしい。もし自分は未来を正しく予測できるとか、すべてが楽観的な方向に進むとか極端な断言をする人がいるとすれば、それは自惚れが強すぎるナルシストか詐欺師である。そんな言葉を信じても失望するだけだし、逆境の中でなんとか平常心を保っている神経を無駄にすり減らすことになる。

之鋒が雑誌の表紙を飾ったり、僕がTIME100に選ばれたりしても、それが香港の民主化をもたらすわけではない。しかし、世界のより多くの人びとに香港の抵抗闘争を知ってもらうことはできる。ソフトパワーや文化的記憶を確立する上で、このような息の長い取り組みは重要である。僕の目的はシンプルだ。——中国について人びとがまず思い浮かべるのは、経済的な利益の話ではなく、香港の抗議運動やウイグルの収容所問題であってほしい。香港について人びとがまず思い浮かべるのは、「親中的な言動が多い」ジャッキー・チェンではなく、マスクをした黒ずくめの抗議者であってほしい。僕らが未来を見据えた長期計画を立てるなら、文化的な力を欠くことはできない。

無力感は誰しもが感じている。重要なのはそれとどう向き合うかだ。諦めて自分の居心地のよい場所に戻り、抵抗をやめてしまう人もいるだろう。けれども僕は「人が通るから道ができる」という精神で臨み、決して楽観はせず、やみくもに悲観もしない。もし香港人である僕らが世界に向けて香港の話をしないなら、誰がその話をするのか。成功の裏には無数の失敗がある。人の価値を決めるのは失敗ではない。連戦連敗の中で改善を続けることで、はじめて変化の可能性が生まれる。目に見える変化はすぐには起こらないかもしれないが、僕らは試みを続ける。成功への道のりがいかに遠くとも、懸命に前へ進もうとする人びとを揶揄したり嘲笑したりするべきではない。

之鋒がもし外の世界にいれば、自分たちの都市のために一心不乱に闘い続けているはずだ。今この低迷期に僕らは、何があっても勇気を失わない彼の不屈に思いをはせる。

出典　https://www.patreon.com/posts/sheng-huo-zhi-de-51106556

留まるべきか、離れるべきか

二〇二一年五月一八日

国家安全法の指名手配リストに載った亡命者として、インタビューや講演など多くの場面で「留まるべきか、離れるべきか」に類する質問をされるが、僕が答えても説得力がないと思う。僕にはすでに選択の余地がなく、最も危険な最前線にいるわけでもない。この問いに適切な意見を述べられる立場にはないし、そんな見識もない。僕らは、どちらが正しいかという議論をやめて、一歩引いて考えてみるべきだろう。現状の認識であれ、大きな環境の中で個人が果たす役割であれ、意見が異なれば見え方も違ってくる。まずは双方の考え方を整理してみるのが、対立にも似た現状を打開する第一歩になる。

政治運動がその土地で行われるものであることに疑いの余地はない。国外の活動だけで香港の局面をひっくり返すことは不可能だ。言い換えれば、いつか香港が民主化する日を迎えるために欠くことのできない最も重要な役柄は、香港における民主化運動である。亡命者となった僕の役割は、舞台袖で拡声器を持ち、世界のより多くの人びとに、香港の政治事件を整理して伝えることだと理解している。香港本土での政治運動がなければ、香港関連の政策について各国に働きかけても、国際社会の支援を広げるのは難しい。二〇一九年に香港の抗議運動があれほどの盛り上がりを見せていなければ、国際世論を受けたアメリカ議会が対中強硬姿勢に傾き、その年の年末に「香港人権・民主主義法案」を素早く可決することはなかっただろう。——それまでの五年間、どれほど精力的にロビー活動を行っても成立の兆しがまったく見えなかった法案である。

だから僕は、「移民こそ最善の抵抗だ」という言い方は成り立たないと考える。香港を離れた後に、香港の民主化運動を直接または間接的に支援できるだけの資源と手段を、誰もが持っているわけではない。もちろん、独自の文化やアイデンティティ、海外での抗議集会といった香港人の「種火」を絶やさないために、海外の香港人コミュニティには一定の役割がある。とはいえ香港を離れた者は、海外にいることの限界を認識しなければならない。つまり、そこには大きな自由はあるが、政治運動とはつねに薄いベールで隔てられてしまう。

そう考えると、囚われの身の政治犯であれ、市民社会でそれを支える人びとであれ、「移民ブーム」を非難する声が上がることは理解できる。自分が支持されていると実感し、行動を共にする賛同者を増やしたいと願うのは自然な感情である。また、変革の要となるのは香港での政治的抵抗であり（密かに議論するのか、法の間隙を突くのか、積極的に前線に立つのかを問わず）、香港を離れる者が多ければそれだけ全体の勢力が削がれてしまうと考える政治運動上の判断もあるだろう。

このような判断は、香港を離れるべきだと主張する人びとの認識とは異なる。彼らは香港から「資金や人材が離れる」ことで戦力が温存されると考える。現状の弾圧に無理にあらがっても引き合わないので、嵐が過ぎ去ってから、あらためて変革に取り組もうというのだ。彼らの分析によれば、現在の状況が長く続くことはなく、中国共産党自体の不安定さによってその強引な統治が弱まったときに、タイミングを見計らって「反撃」すれば政治運動をより効率的に行えるという。また、香港から資金や人材が流出すれば、中国共産党にダメージを与えられる。

もちろん、これが適切な判断かどうかは、実際の成り行きを見なければ分からないが、その考えに一定の妥当性があることは否定できない。「温存作戦」は荒唐無稽なおとぎ話ではない。ただ、それをどうやって「香港本土の抵抗闘争が極めて重要」という大前提と融合させるのか。誰が留まるべきで誰が離れるべきなのかという議論は、もはや政治的分析の範疇を超えて、倫理の問題になってくる。たとえ「移民」が最善の防御であると強調するにせよ、「残留」を呼びかける人びとを悪く言う必要はないはずだ。「この状況で香港に残っても何も行動できない」などと決めつける権利は誰にもないのだから。

他方で、より多くの人に留まってほしいと願う側も、移民という決断にいたる複雑な背景を理解する必要があるだろう。もちろん、香港を離れる人は、表向きはどれほど立派なことを言っていても、それが「逃亡」であることをある程度は認めなければならない——仮にそれが「避難」ではないとしても。僕もその一人であり、拘禁十年に及びかねない国家安全法の裁判から逃れたのだ。同時に、僕はそれまでの知名度を生かして香港人のために声を上げるべく、この新天地にやって来た。気がとがめないのかといえば、とがめる。もし鉄格子の中の誰かが僕を非難したとしても、反論はしない。僕は反論できるだけの道義を持ちあわせていない。彼らは、僕がさまざまな要因から直面せずにすんだ苦難に耐えている。僕にできるのは、自分の選択に価値があることをできるだけ証明し、海外で得た自由を無駄にしていないと感じてもらうことくらいだ。

直接の政治的な脅威のためではなく、自由や活動の場を求め、あるいは子育てをする環境のために異郷へ向かった人たちもいる。僕らは、香港を離れた決断を正当化するために、それが唯一の正しい選択だと言い張る必要はない。移民や避難がある部分では自分や家族のためだとしても、それを恥じる必要はない。だが、大義のための勇気ある行動として美化することもできない。僕らは人生の中で多くの選択に直面するが、それぞれが自分のことを決める場合でも、必ずほかの個人や家族、社会からの影響をさまざまに受ける。正しいか間違っているかを見分けるのは難しい。その種が芽を出し、たくましく成長する可能性がないとは誰にも言えない。

香港を離れるべきか否かについて、すぐに白黒をはっきりさせようとする態度は、よい結果を生まないだろう。香港に留まっても世間に無関心のまま生きることはできるし、海外にいても運動に身を投じることはできる(程度の差には、ここでは触れない)。香港の重苦しい現状になじめないのに無理に留まっても、困惑が深まるだけかもしれない。あるいは、生まれ育った環境を離れるなど考えられないと主張していたのに、家族に海外留学を強要されてしまえば、毎日を鬱々として過ごすことになりかねない。複雑な背景を持つ個々人の決断を、もし「香港の未来に対する意義」という問題に単純化してしまえば、議論を重ねるほどに話がかみ合わず、また外部要因から生じるさまざまな苦しみを無視することになる。留まるにしても離れるにしても、香港の未来のことと香港人であり続けることを胸に刻み、リスクや自分の能力を考えた上で、それを日常生活や仕事の中に浸透させるのが最も重要だ。それが自分の生き方に直結していると自覚しなければ、世界のどこにいても香港の闇に光を照らすことはできない。

出典　https://www.facebook.com/NathanLawKC/posts/2553425324808785

ジョージ・フロイド事件から一年――米国の警察改革と香港警察の権限強化

二〇二一年五月二六日

二〇二〇年五月二五日、アメリカ・ミネソタ州の最大都市ミネアポリスで黒人男性ジョージ・フロイドが当時警官だったデレク・ショービンに八分間以上も膝で首を押さえつけられ窒息死する事件が起きた。先月の陪審評決では殺人罪が成立すると判断されており、デレク・ショービンは最長で四十年の禁固刑となる可能性がある。これはまだ最終的な確定判決ではなく、デレク・ショービンは今月初めに世論の圧力や陪審団の公平性への疑念などを理由に控訴している。今後の裁判がどうなるのかは未知数だが［その後、二十二年六カ月の禁固刑が宣告された］、それは今回の要点ではない。ここで述べたいのは、この一年間にアメリカ国内で検討され、実現されてきた警察改革についてであり、そこに見られる相対的に民主的な仕組みと、警察権限だけが強化される香港の現状とがいかに異なるのかという点である。

ジョージ・フロイドの死をきっかけとするＢＬＭ（ブラック・ライブズ・マター）運動の大規模なデモは、アメリカが抱え続ける人種問題を再燃させた。彼の死は、法廷の場にとどまらず、警察改革やさらにはその解散を求める声まで喚起している。事件が起きたミネアポリスでは、市議会と州政府の人権部門が警察のガイドライン刷新を命じ、同僚の警官に行き過ぎた暴力行為あれば止めるために介入することを義務付け、また化学物質やゴム弾などの武器使用には事前の警察長官の承認を必須とすることを要求した。もしこの事件を起こしたのが香港警察であれば、すぐに親中派メディアが「フェイク情報」だと否定し、警察の無謬性が保たれただろう。これほど迅速な反応があるだけでも、民主体制下における民意の力が十分に証明される。

だが、市民の声に応えようという市の行政側の動きはあるものの、さらなる警察改革は今日の時点では実現されていない。昨年、ミネアポリス市議会で可決された提案では、市内の治安全般の問題にさまざまな手段で対処する新たな部門を設け、警察をその一下部組織にする案が示されていた。また、警察を管轄する権限を市長一人から市議会が任命する部門責任者に移すことも提案された。これには市の憲章の改正が必要になるが、市憲章委員会での妨害もあり、昨年末の大統領選挙の際に住民投票にかけることはできなかった。二〇二一年末の市議会選挙の際には住民投票が実現するかもしれない［二〇二一年一一月に住民投票が行われたが、市憲章改正案は否決された］。

改革が遅れているのは制度上の理由からだけでなく、警察のサボタージュによる犯罪率の上昇も障害となっている。アメリカでは、改革を求められた警察のサボタージュは珍しくない。犯罪率を上げて人びとの生命や財産を危険にさらすことで政府や市民に改革を諦めるよう迫るのだ。二〇二〇年のミネアポリスの例では、全体で八〇〇人いる警察官のうち一〇〇人以上が怪我の後遺症などを理由に休暇を取り、人手不足に陥って緊急通報の対応以外は後回しにせざるを得なくなった。暴力事件の件数は倍ほどに増え、警察が真剣に働かなくなったという市民の訴えも報道されている。

警察改革には連邦政府の介入で進められるものもある。だがこれには政党間の政治が関わってくるため改革は膠着状態に陥っている。二〇二〇年には、たとえば警察官の訓練を行う予算の確保、警察官が訴追を免除される規定の廃止、警察官への苦情を受け付ける仕組みの改善、武器使用のハードルを上げる規定などの多くの法案が議会に提出されたが、ほとんどは昨年の会期中に採決まで至らなかった。唯一、今年になって警察官への苦情を受け付ける仕組みの改善と武器使用のハードルを上げる内容を盛り込んだ「ジョージ・フロイド法案」が再提出され、三月に下院を通過しているが、上院では共和党議員による議事妨害を受け、審議が進んでいない。立法の推進に向けて、民主党議員は法案内容の修正協議を共和党側に呼びかけている。

このように、民主国家においてさえ警察改革は薄氷を踏むように慎重に進められ、警察側の要望や治安維持の現実とのバランスが図られている。警察の権限が大きくなりすぎないよう、市民による監視も必須となる。相対的に民主的な仕組みがあり、事実を重んじて議論できる環境の中で改革を求める声が高まっていたとしても、警察と市民との関係に対処することは容易ではない。もちろん、客観的に見て、警察の問題について検討する議論のやり方は香港よりも格段に進んでいて、連邦政府のレベルでも多くの改革が検討されているが、合意形成には時間を要する。ＢＬＭ運動やアメリカの人種問題についてどのような立場をとるにせよ、この開かれた議論の環境は、社会を進歩させる上で必須の条件である。共産党がのさばる香港では、この種の議論は圧殺される。香港人が直面する警察の暴力について、体制内で声を上げる余地は残されていない。香港の親体制派は「アメリカにも警察の暴力はある」と指摘するが、アメリカにおける言論の自由と政治の進め方を理解すべきだろう。少なくともアメリカには市民の声に耳を傾けようとする政府があり、それについては左も右も中道も関係がない。

出典　https://www.patreon.com/posts/fen-xi-george-yi-51692250

香港警察がイスラエルのホームページ制作会社に香港憲章サイトの閉鎖を命令

二〇二一年六月三日

数日前、「二〇二一香港憲章」のウェブサイトがアクセス不能になった。ウェブサイト作成サービスの提供元であるイスラエルのＷｉｘ社に問い合わせたところ、香港警察からサイト閉鎖を要求するメールが送られていたことが判明した。何日も交渉を重ねて入手した香港警察からのメールでは、香港憲章の内容が国家安全法に違反している（国家転覆または転覆煽動の意図がある）ことを理由に、七十二時間以内のサイト閉鎖が要求されていた。

香港憲章のサイトのサーバーは香港・中国の外にある。海外の業者にまであからさまに脅しをかけるのが国家安全法のやり口である。今回のケースは中国共産党が国家安全法やその他の法律によって言論の自由を圧殺してきた数々の事例のひとつにすぎない。その影響は世界各地の民主主義国に及び、中国共産党を批判する海外の声すら取り締まりの対象となり得る。もし国際社会がこの脅威に対抗しなければ、僕らがどこに暮らしていても、ネット上の言論の自由が権威主義国に脅かされてしまう。

僕はＷｉｘ社との話を続け、サイトを復活させるように強く求める一方で、独自にウェブサイトを制作することも模索している。ウェブサイト制作に詳しく、理念に共感できる方に協力していただけるとありがたい。

ここでは以下の三点をとくに呼びかけたい。

一、香港政府ならびに香港警察は、言論の自由を圧殺するあらゆる行為、国家安全法の規定による民主派の協力者に対する脅迫を行ってはならない。

二、民主主義国は、ネット世界における権威主義国の脅威にしっかりと向き合い、ネット上の言論の自由を保障する仕組みを構築して、国の安全を守るとの偽りの名目で行われる中国共産党による自由の侵食を防がなければならない。

三、一般社会と人権組織は、インターネット企業が中国共産党による弾圧の共犯者にならないように、ネット上の言論の自由を守り、自己検閲をやめるよう共に働きかけなければならない。

出典　https://www.patreon.com/posts/xiang-gang-jing-52054070

AFP ＝時事

歴史の皮肉――六月四日のビクトリア公園

二〇二一年六月四日

二〇二一年六月四日、あれほど広大なビクトリア公園のサッカー場内にいるのは数名の警官だけで、その周りを数千の警察力が厳重に囲う。本来は人びとであふれかえるはずの会場だが、天安門事件の追悼集会が政府によって全面的に禁じられた結果が、このあまりに悲愴な光景である。

一九八九年六月四日の夕刻、血に染まった天安門広場とそこへ通じる付近の道路［長安街など］には、やはり静寂が広がっていた。砲火はわずかに残るだけ。その静寂の広場と、わずかな警官だけが残るビクトリア公園は、時空を超えてひとつに重なる。

政府が集会を禁じたことで、ビクトリア公園が天安門に似てしまった。

香港は、ますます中国共産党の専制に近づいている。「一党独裁を終わらせる」とのスローガンが向けられる対象は、もはや中国だけではない。

出典 https://www.facebook.com/NathanLawKC/posts/2567914040026580

小さなともしびを――「五月三五日」はまだ来ていない

二〇二一年六月五日

中国のカレンダーには存在しない日がやって来た。

毎年、ネット上では皆この日を「五月三五日」と呼ぶ。そう呼ばざるを得ない圧力は、年を追うごとに大きくなる。

もしかすると、香港という名の都市でも、いつの日か、六月四日という言葉がタブーになるかもしれない。カレンダーの三六五日から、この日付の印字だけが消されてしまうかもしれない。

その日、ソーシャルメディアには何も書き込まれない。

その日、キーワード検索は「国家の安全」という名の下に覆い隠される。

その日、街のいたるところに警官が立ち、黒い服装やロウソクが転覆行為の証拠とされる。

もしかすると、その日はまもなくやって来る。

もしかすると、すぐかもしれないし、まだずっと先なのかもしれない。

いずれにしても、まだその日は来ていない。ロウソクも戦車の写真も残されている。目の前に黒い銃身を突きつけられてはいないし、僕らの言葉も消されていない。

黒い服で街へ行き、柵の外でロウソクに火をともし、あるいはビクトリア公園の入口近くをうろついて、警察が隔てるエリアの外で八時ちょうどに携帯のライトを照らすことは、妨害やリスクはあっても、不可能ではない。

できることを、できる限りやる。

残された余地を最大限に広げるまで、諦めないでほしい。

五月三五日はまだ来ていない。六月四日は六月四日であり、中国共産党による大虐殺は大虐殺である。何がどうあろうとも、血塗られた天安門の事実は変えられない。

もしビクトリア公園にロウソクの火をともせないのなら、街中にゆらめくライトをその代わりにしよう。夜空に浮かぶ星々のように。街明かりが照らす夜の海の水面のように。

「いつもどおり」が無理ならば、この日を別のものにしてしまおう。再現される警察都市、再び封鎖される海底トンネル、街中に張られるオレンジの非常線、殺到する記者たち。

六月四日、六月九日、七月二一日……カレンダーから消されてしまいそうな無数の日付は、そこに誰かがいて、ともしびがあるだけで、忘れられることはない。それは年を追うごとに人びとの心に深く刻まれ、何かあればすぐに記憶がよみがえる。

行動することは、正しい。どんなに小さくても、そのともしびが星の光のように誰かを導く。

出典　https://www.patreon.com/posts/sheng-huo-liu-si-52119615

二〇〇万人と一人の勇気

二〇二一年六月一六日

その日、香港の総人口の四分の一が街頭に繰り出した。香港島の街のあちこちに二〇〇万の香港人があふれ、通常なら歩いて三十分ほどのデモ行進ルートが五時間の距離に変わった。

「悪法を撤回せよ」「痛心の極み」

もし民主的な国なら、人口の四分の一が街へ繰り出すような事態が起これば、それはもはや全面的な社会変革だ。古い権力者は退場し、街頭の抗議者から新たな執政者が生まれるだろう。だが僕らが相手にしているのは中国共産党だ。徹底的な権力集中を目論む共産主義政党だ。二年前の六月一六日、香港人は再び民主主義がいかに重要であるかを知った。初心を忘れてはならない。この先にどれほどの困難が待ち受けていようと、皆で立ち上がったあの時の勇気を忘れないでほしい。

出典　https://www.facebook.com/NathanLawKC/posts/2577354745749176

アップル・デイリーへの支持は変わらない

二〇二一年六月一七日

創業者の黎智英（ジミー・ライ）が国家安全法によって起訴され、資産が凍結されたのに続き、香港警察はアップル・デイリーを狙い撃ちにした動きを再開した。今朝早く、ネクスト・デジタル（壹傳媒）

［アップル・デイリーの発行会社］の幹部五人が逮捕された。また同本社ビルの周りが封鎖され、百人規模の警察を投入した大がかりな家宅捜索も行われた。従業員によると、ローカルニュース部門、政治部門、動画ニュース部門などから多くのパソコンが証拠として押収されたという。

警察側が記者会見で明かしたところによると、今回の捜査はアップル・デイリー紙の三十件以上の記事を対象としたもので、中国や特区政府への制裁実施を海外に呼びかけた疑いがあるという。逮捕された幹部は同紙の発行において重要な役割を担ったとされる。しかしながら、二〇二〇年に施行されたはずの国家安全法がどうして二〇一九年の記事にさかのぼって適用されるのか、具体的にどの文章が問題になっているのかといった質問に対し、警察側は明確な回答を避けた。これまでの国家安全法がらみの事件では、同法施行前の言論が被告人に「転覆」の意図があった証拠とされている。今回のアップル・デイリーの件でも同様に、過去の一連の言動が証拠集めの対象となる恐れがある。

逮捕には疑問点が多く「共謀」や「呼びかけ」の証明は困難

保安局の李家超（ジョン・リー）局長［当時。二〇二二年七月より行政長官］が記者会見で述べたところによると、逮捕された幹部五人は「ネット報道で国の安全を脅かし」、中国・香港政府への制裁を海外と共謀して呼びかけた疑いがあるという。だが、呼びかけと共謀ではまったく性質が異なる。共謀とは、双方が話し合って計画を立てる共同の行為であり、場合によっては相互の役割分担を取り決めるものだ。これに対し、呼びかけは一方向的なものであり、相互の交流が実際に生じるとは限らない。たとえば僕が中国共産党に抑圧をやめるよう呼びかける場合､僕と中国共産党との間に相互交流が発生しなくても、それは公の言論と見なされる。今後の議論では、国家安全法の下で「共謀」の罪を成立させる条件が何であるのかが法理上の焦点となる。かりに国家安全法違反と見なされる記事や論説がいくつかあるだけなら、共謀罪が成立するとはとても考えられない。

また、掲載された記事や論説がその新聞の立場を示しているとも限らない。海外の有名各紙の論説欄には多様な意見が載ることが多い。意見の分かれる問題では、完全に真逆の立場による見解が同時に掲載されることもある。二〇二〇年に僕と葉劉淑儀（レジーナ・イップ）〔体制派の政治家。元保安局局長〕の寄稿した論説がニューヨーク・タイムズ紙に掲載されたが、それぞれの主張は鋭く対立し、香港問題に関する立場は予想どおり真逆であった。もしすべての論説がその新聞を代表するものであるなら、多重人格でもなければ新聞社など運営できない。そうでなければ無味乾燥なつまらない内容になってしまう。

したがって､「外国勢力との共謀」と「記事が新聞の立場を代表していること」を立証し、そこからアップル・デイリーの国家安全法違反を導きだすことは、普通に考えれば無理筋である。もちろん、国家安全法は習大帝の「聖旨」だから、新聞ひとつを葬り去るのに理由など必要ないのだろう。ただし、そこで損なわれるのは香港のイメージと信用であり、法廷は再び自らの手を汚し、香港の自由を抹殺する死刑執行人となる。

出典　https://www.facebook.com/NathanLawKC/posts/2578025629015421

「香港は本当に美しい」——自己検閲にあらがうために

二〇二一年六月二〇日

六月末に飛行機で香港を離れたとき、僕は上空からきらびやかな香港の夜景を見つめた。今後しばらくは、その光景を目にすることができないだろうと思いながら。

「香港は本当に美しい」という言葉が思わず浮かんだ。香港本土派の活動家を描いたドキュメンタリー映画『地厚天高（Lost in the fumes）』のなかで、ドイツ亡命前の黄台仰（レイ・ウォン）も、オープントップバスの上でその言葉を口にしていた。香港を愛してやまない誰もが共感できるだろう。

だが人間性よりも政治が優先され、いたるところが危険地帯になっている状況では、この程度のシンプルな言葉すら政治権力者の神経を逆なでする可能性がある。現在、スーパーマーケットチェーンの百佳（パークンショップ）は全店舗で新パッケージのワトソンズウォーター（屈臣氏蒸留水）の販売を停止している。ボトルに書かれた文言が「政治的色彩」を帯びている疑いがあるとして、チェック機能が働いたのだ。新パッケージは有名な写真家が手がけたもので、「香港は本当に美しい」というタグラインに、「夢があれば山も谷も怖くない」「離れていてもルーツはここに」「折れない心がある」「見上げればいつも青空」といった数パターンの言葉が添えられる。

香港は美しい、夢があれば、山も谷も、離れていても、ルーツは香港、折れない心……政治権力者の目にはいずれも民主化運動に結びついた言葉に映るようで、現体制の中で生きる個人や企業にとっては禁句になるらしい。市民の目から見れば、あまりに繊細で過敏な反応であり、ほとんど「でっち上げ」レベルの話だ。このあり得ない自主規制については、体制派ですら、「開明的」を自任する者は「やり過ぎ」を感じている。

しかしながら、このような常識を外れた決定や、論理性もなく人を追いつめて態度表明を強いるのは、共産主義政党が社会や文化をコントロールするときの常套手段である。この種の「やり過ぎ」は意図的なものであり、人びとが疑問を感じるような自己検閲も意図的である。つまり、この程度のささいなことでは財界も市民も反抗しないと知りつつ、そこに生じる違和感や不条理によって日常的な抑圧を意識させ、常識が壊れるさまをただ見ているしかないという無力感を植えつけるのだ。

大きなところではアップル・デイリーの弾圧があり、小さなところでは今回のミネラルウォーターのパッケージ問題がある。中国共産党は抵抗の声を封じるだけでなく、香港市民の一人ひとりを暴政の擁護者に仕立て上げようとしている。共産党の指導を擁護するのが、中共が言うところの「愛国者」の前提条件である。あまりにも過敏な検閲は、人びとが自発的に従順になる政治風土を生むためのものだ。大陸のネット社会のように、「中国を侮辱した」とされるブランドがあれば、それが中国地図から台湾が漏れていただけ、あるいは中国にはびこる海賊版をただ指摘しただけであっても、中国共産党の政治的利益に合致する限りどんなにさいな「過ち」も、態度表明を強いる風土を育む糧となる。中国で活動する芸能人や露出の多い著名人が「中国擁護の旗」を積極的に振っていなければ、いわゆる「ネット水軍」を中心とする中国のネット民が見逃さない。沈黙を貫く権利などないのだ。

このような、つねに忠誠を示さなければならない状況は、自己検閲が浸透した後の香港にも必ずやって来る。そうなったとき、香港人の疎外感はさらに膨らむ。大きな組織や財界では、相手の足もとを見てより厳しい線引きが求められ、旗を振らない芸能人は仕事にありつくチャンスすら得られなくなる。「良心がある」として支持される人気スターは板挟みに苦しむことになり、市民との相互関係によって成り立つ香港の文化やエンタメは圧殺されてしまうかもしれない。

自己検閲に慣れてしまうことの影響は計り知れない。無力感の蓄積はあらゆる「大陸化」を加速するだろう。僕らにできるのは、つねに意識して抵抗を続けることだ。わずかに残る政治的な余地で格闘を続けることだ。まだ残るグレーゾーンを広げることができれば、中国共産党が赤色化を進めるコストは増大する。二〇二一年の時点で多くのメディアや影響力のある個人が黄色派であることを明言し、あるいは密かに支援しているのは、極めて貴重なことである。彼らを大切にすることではじめて、僕らは抵抗の足がかりを保持できる。他人に厳しく当たりがちな人たちも、この点は忘れないでほしい。

「香港は本当に美しい」という言葉に、香港人なら誰もが共感できると信じる。その美しさは、何も夜景だけにとどまらない。民主主義と自由への信念、その普遍的価値を守る香港人の姿こそが、より美しい。異郷からも見えるその美しさを、必ず保ち続けなければならない。

出典　https://www.patreon.com/posts/fen-xi-xiang-xi-52700692

報道の自由があることの大切さ——アップル・デイリー廃刊

二〇二一年六月二三日

今年二月、中国共産党の代弁者である中国グローバルテレビジョンネットワーク（中国環球電視網）の英語チャンネルの放送免許がイギリスで取り消されたことを受け、中国大陸ではＢＢＣの放送を完全に遮断する報復措置が取られた。これは見方を変えれば、ウイグル自治区の人権問題を深掘りするＢＢ

Cの中国報道を、中国共産党がずっと目のかたきにしていたということだ。

僕はBBCのグローバルニュースポッドキャストを聞くのを日課にしているが、ウイグルの人権問題は昨日も取り上げられていた。劉暁明・前駐英中国大使の発言が今回の話のポイントである。番組ではウイグル自治区の情勢や海外にいる多くのウイグル人が子どもと連絡を取れなくなっている状況などが解説された後、ウイグルの人権問題を否定する前大使の過去のインタビューでの発言が引用された。そのなかで彼は「被害者の名前を教えてもらえれば、しかる後にその人たちの状況について回答する」と約束した。その後、駐英中国大使館に名簿が提供されたが、回答は示されていない。

一年後、再びインタビューを受けた劉暁明は、ウイグル人被害者について大使館はなぜ回答しないのかと記者に問われ、言葉を濁しながら、そのような問い合わせは受けていないと言ってのけた。BBCはその後も質問状を送っているが、二〇二一年一月に劉暁明が退任した後も回答は得られていない。過去二年間の公式のやり取りがあり、大使が公の場で約束しても、BBC記者が報じたウイグルの実情について、当局からの意義のある情報提供は一切ない。

BBCのねばり強い追及は徒労のようにも見えるが、メディアに報道の自由があることの大切さは際立っている。全体主義の側は回答しなかったり、偽証したり、または断固として否定したりする力を持つが、メディアの側がその自己矛盾や粉飾を暴くことで当該政府への疑念が膨らみ、より多くの情報開示を求める市民や外部の声へとつながる。結果を伴わない攻撃のように見えて、じつは相手の弱みをさらすことに成功しているのだ。

アップル・デイリーを失った香港では、これほど自由に中国共産党の弱みを突き続けるメディアは存在しがたく、相手を自滅させるほどの世論を爆発させることは難しい。もしそれでもウイグル問題を執拗に追及する記者がいれば、アップル・デイリーのように目を付けられる前に、経営陣が自己検閲を行うだろう。また、間違いなく政府による圧力が強まり、国家安全法や今後制定される可能性のある「フェイクニュース法」によって記者に直接的な脅しをかけてくるだろう。「国家の安全を脅かすデマを拡散してはならない」といった具合に。

アップル・デイリーの抹殺はひとつの象徴であり、また警告でもある。廃刊となる六月二六日以降〔最終号は六月二四日付け〕に影響を受けるのは、アップル・デイリーとその従業員にとどまらない。メディア業界全体が影響を受け、自己検閲のレベルが一段階上がるだろう。また影響を受けるのはやはり一般の香港人読者であり、報道から得られる情報や世論の声は画一的なものになってしまう。いかに僕ら一人ひとりが分散して情報を伝えたとしても、やはりマスメディアの重要性は否定できず、個人がその代わりとなるのは難しい。アップル・デイリーへの哀悼は、必然的に香港への哀悼だ。

出典　https://www.patreon.com/posts/fen-xi-mei-ti-zi-52816529

二〇二一年七月三日

言葉を失くした時代

［抗議デモが禁止され、警察が一万人規模の厳戒態勢を敷くなかで、主権移譲二十四周年の式典が行われた二〇二一年七月一日に、抗議者の一人、梁健輝が銅鑼湾で警察官を刃物で刺し、その後自殺するという事件が起こった］

薄暗い空が、多くの香港人の心情を映す。

この二日間、僕は語るべき言葉を見つけられずにいる。

テロリズムという言葉は、イデオロギーに基づいて一般市民を無差別に攻撃する暴力を指す。七・二一（元朗襲撃事件）や八・三一（太子駅襲撃事件）といった警察による暴力こそ、人びとを恐怖の底に陥れる本当のテロリズムである。

これは叫びだ。自分の信じる道に殉じたのだ。どれほど喉を枯らしても、香港人が上げる叫びは看過される。そして政治権力の側がますます抑圧を強めた結果、行き場を失った憤りが悲劇を生んだ。信じがたい出来事だが、想像はできるし理解もできる。

事件を知って、誰もが複雑な心情でいるはずだ。憤り、落胆、諦め……抗議運動と結びついた感情がさまざまに渦巻く。それをなんとか言い表そうと誰もが言葉を探し、自分たちの苦しみを語ろうとしている。

心情としてはもちろん、悪いことをすればその報いを受けるべきだと感じる。しかし、仲間の命が尊いことに変わりはない。それが自ら選んだ結果とはいえ、失えば悲しみが深まるだけだ。そもそも抗議の闘いを続けるのは、香港人が尊厳をもって生きるためであり、鍋底［立法会ビルの下］での再会を果たし、あの日の栄光を取り戻すためだ。

天はなぜ正義の士にこれほど残酷なのかと問うとき、僕らは自身の無力さに、そして弱さに気づかされる。香港人を抑圧から解放したくても、自分の力だけでは社会を変えられないし、勇敢に立ち向かい続けることもできない。この情勢下では、多くの人がどこかに身を潜めるという選択を強いられる。

それぞれの心情の裏には、それぞれの挫折や憂いがある。それにどう向き合うのかが「ポスト抗議運動」の時代における最も重要な課題だ。すべての個人と対等に向き合い、一人ひとりの心と体をいたわるのが、人間性尊重の第一歩である。都市全体が再び救いのない不安に陥ったとき、あなたに必要なのは誰かの抱擁かもしれない。

息もできないと感じた時は、携帯やＳＮＳから距離を置き、誰か近しい信頼できる人のところへ行って、自分の悲しみや、どれほどこの世界に失望しているかについて話してみるのはどうだろうか。そうやって感情を吐露するうちに、希望や原動力が生まれるかもしれない。

僕らは抗議者である前に、血の通ったひとりの人間だ。――絶望にのまれてはいけない。どんな暗闇の中でも、あなたのそばには仲間がいて、あなたと一緒に歩み続けているということを忘れないでほしい。

出典　https://www.patreon.com/posts/sheng-huo-shi-yu-53236001

死なばもろとも

二〇二一年七月五日

北京政府は「攬炒《ラムチャウ》（死なばもろとも）」への歩みを着実に進めている。

北京の強引な政治手法にもかかわらず、これまで香港がいくつもの経済危機を乗りこえてこられたのは、香港の国際的信用が完全に失われる臨界点に達していなかっただけのことだ。――もしかすると今後、巨大ＩＴ企業の撤退がその引き金になるかもしれない。

国家安全法の施行以来、政治活動家や市民社会への抑圧にとどまらず、都市全体の様相や倫理・文化までもが根本的変化を強いられている。つまり、このところの北京は高圧的な統治によって民主派（反対の声）を圧殺するだけでなく、市民社会を抑えつけ、中共中央にすべての権力を集め、さらには「党がすべてに優先し、政治が全体を指揮する」という中国のイデオロギーを香港社会の細部にまで浸透させようとしている。

街のいたるところに見るに堪えない赤地の党スローガンがあふれ、直近の例では、ビタソイ社の件も衝撃的だった。中国共産党は経済的な圧力をかけて屈服を迫ったが、ビタソイ社は何か間違ったことをしただろうか。同社は「香港調達部主任の梁健輝さんが二〇二一年七月一日夕方、銅鑼湾で起きた事件でお亡くなりになりました」という主旨の社内通知を出し、深い弔意を示して必要な援助を行っただけである。しかしながら、中国共産党はこれを「テロ分子への支援」「香港独立の宣言」であると見なし、中国国内のオンラインショップや実店舗から同社製品を排除するよう命じて、マーケットからの締め出しを実行した。ビタソイ社にとって中国大陸での業務は香港よりも比重が大きく、再度文書を出して、当該の社内通知はグループの立場を示すものではないと表明せざるを得なかった。その後、同社では香港エリアの人事責任者が辞任させられた。

香港の職場文化として、今回の社内通知は特別なものではなく、一般的なお悔やみとして書かれており、梁氏の行為や考えを称賛する内容ではない。しかし、中国共産党にとっては、人の死を悼む気持ちよりも政治的な忠実さが優先される。「政治的に正しくない」やり方として、タブーに触れてしまったようだ。「父母よりも親しい毛主席」――この新しい香港では、政治的な忠誠が人の倫理観をも凌駕する。それはすでに香港社会の根本的な価値観や文化にまで影響している。

また、ウォール・ストリート・ジャーナルでは、巨大ＩＴ企業が香港からの撤退を検討しているというニュースが報じられたばかりだ。フェイスブック、ツイッター、グーグルなどの各社は、香港政府が

「ネット上で個人情報をさらす行為（ドクシング）」を刑事事件化する方針を変えず、ソーシャルメディア運営会社の従業員に刑事罰を受けるリスクが生じる場合、香港から撤退する可能性があると政府側に伝えたという。昨年の国家安全法の施行後、フェイスブックやグーグルなどの巨大企業は、行政当局によるユーザー情報の開示請求への対応を一時停止すると表明している。現状、香港政府のデータ保護法改正案は、再びこれらの企業を追いつめ、中国共産党による治安維持の要求に従うか、アメリカ司法当局による規制や監督に従うか、という選択を迫る内容となっている。

これらの企業がアメリカ政府との関係をより重要視していることについては疑いの余地がない。したがって、もし香港政府がこのまま法改正を行えば、これらの企業に極端な対応をとる機会を与えることになる。実際、すでに巨大ＩＴ企業各社は内部でのリスク評価を進め、政局がさらに悪化した場合の香港撤退の可能性について検討している。中国大陸のグレート・ファイアウォールが香港にまで伸びてきた場合の対応策として、すでに十分な準備が進められているのだ。今回の改正案は、これらの企業が準備してきた撤退計画の実行を早めるものにすぎない。

もし本当にこれらの巨大企業が香港から撤退した場合、ビジネス環境やデジタル経済、対外的な人材の吸引力など、香港は壊滅的な打撃を受けるだろう。今のところ、香港政府は市民社会や政治の範囲内での抑圧に集中しているように装っている。しかし、情報の自由都市を自認しながら、世界とつながる最も基本的なソーシャルメディアすら使えず、海外へ行ったり美食を楽しんだりしてもそれをインスタグラムで共有できないとなれば、いったい誰が「すべては正常」だと信じるのか。

そうなれば、香港の社会経済はドミノ効果で地滑り的に転落してしまうことだろう。一国二制度という見せかけの覆いが剥がされ、香港経済を壊滅させる「死なばもろとも」が始まる。

ウォール・ストリート・ジャーナル記事　https://www.wsj.com/articles/facebook-twitter-google-warn-planned-hong-kong-tech-law-could-drive-them-out-11625483036

出典　https://www.patreon.com/posts/fen-xi-zhong-lan-53324607

香港は死んだのか

二〇二一年七月一三日

誕生日を迎えてのいちばんの願いは、自分を励ましてこれからも考え続けるのをやめないこと。ハングリーであり続け、しかも素直な心を失わないこと。

レスター［岑敖暉（レスター・シャム）］の獄中メッセージにもあったように、香港に死のピリオドを打つのはまだ早すぎる。その「香港」が何を指しているのかについても吟味が必要だ。香港の統治体制を指していて、香港人の要望や責任追及にしっかりと応じる政府を望んでいるのなら、それはたしかに死んでいる。死にきっている。それが香港の政治を指しているのなら、国家安全法の下で行える政治活動の余地はかなり狭まっている。天安門事件の追悼集会が禁止されても携帯のライトを手に街を歩くことしかできず、アップル・デイリーがつぶされても一〇〇万部の廃刊最終号を大量購入して支持を表明することしかできない。言論や行動がほんの少しでも過激だと見なされると、煽動罪や国家安全法違反に仕立て上げられる。

しかしながら、人びとの行動や意思、あるいは文化の相互作用によって形づくられる「社会」を指しているのなら、その香港の死はまだはるか遠いところにある。僕は何もやみくもな楽観論を展開したいわけではない。中国共産党が全面的に統治するこの情勢下で、政治について楽観視するのは愚かだ。心は楽観的であっても、考えなしに盲目的に行動することはできない。これまでのどの時代よりも情勢判断が必要だし、最悪に備えた心構えが大切になる。すべてを台無しにする事態はいつでも起こり得るのだから。

社会が死んでおらず、人と人との関係のなかで何かを生み出せると信じられるなら、誰もが自分で考えながら模索するし、変化が起こる可能性は埋もれてしまわない。もし、自分たちの潜在意識として香港は「終わった」と考えることがあるとすれば、その「終わった」は政治が完全に敵の手に落ちたことを指すのではなく、変化や抵抗の可能性（どんな些細な行動、精神、文化であれ）がなくなることを意味する。そうなれば、日々の食事や残業、あるいは移民のための貯蓄であれ何であれ、僕らは個々人の考えを優先するようになり、社会的なつながりやその中心にある核は破壊されてしまう。全体主義の体制下において、人びとが個に分断され、互いの信頼や結びつきと呼べるものを失えば、何か集団で行動しようにも協力のベースがないため、社会を統治する側のコストは大幅に下がる。政府が求めるのは、そんな社会の実現である。

中国共産党が望む香港の死は、社会的な死だ。それは人と人との間のつながりの死であり、集団として行動できなくなる死だ。逆に考えれば、市民社会の構築を進め、人と人とのつながりや集団行動を促すことは、中国共産党が香港人を押しつぶそうとするのをかろうじて防ぐ「最後のわら一本」の安全装置になる。人びとの間にその力を蓄える可能性を感じられるなら、僕らはゆっくりとでも増殖し、中国共産党が巨大な鉄鎚を振り下ろすとしても、レンガの隙間からたくましく成長する野草となり得る。

これは、二〇二一年に香港のローカル文化やアイドルグループのＭＩＲＲＯＲ（ミラー）とＥＲＲＯＲ（エラー）が、なぜあれほど人気を博したのかにもつながる話だ。無力さを感じた個人が政治からエンタメに回帰しただけだとシニカルに考えることもできるが、政治的な集団行動から文化的な集団行動へと一歩退いて、社会的なエネルギーと組織能力を維持しているのだと肯定的にとらえることもできる。政治団体の街頭演説であれば、警察は「おおっぴら」に弾圧できるが、アイドルを追いかける数千人のファンの行動には手出しできない。一〇〇万人規模のデモを実現した香港人だが、現時点で最も行動的で組織力を持つのは、このアイドルファンの集団かもしれない。

もちろん、この種のファンダムが手なずけられてしまい、中国大陸のように政敵を攻撃する手段になってしまうかどうかは、今後の話である。しかし、現状から考えると、この自発的な集団行動は一般市民をベースとした動員力を保ち、香港の社会や文化、人と人とのつながりを強固なものとする効果を、想像以上に発揮している。

もし僕ら全員が「何をやっても無駄だ」という決まり文句を信じてしまえば、中国共産党は戦わずして相手を屈服させられる。以前は何の問題もなかった事柄に新たなリスクが伴うのなら、僕らは考え続け、別の新しい何かを開拓し、リスクがあるなかでもより基本的な部分を守らなければならない。文化でも、教育でも、コミュニティでも、あるいは個人の生活や交流の範囲内でも、すべての事柄について、僕らは心を落ちつけて、どうすれば無力感を防ぐことができるのかを考える必要がある。小さくても達成感を得られる事柄から、何か始めてみるといい。

このような話を書いたのは、自分自身のためでもある。この一年を振り返ると、いろいろと新しいことに取り組み、一定の発言力を得て、一部の政治的な決定やその方向性に影響を及ぼすこともできた。学業や執筆活動を含め、いくつかの計画も実現できた。イギリス生活の二年目は、さらなる飛躍の年にして、香港コミュニティにしっかりと還元していきたい。これからの一年に限らず、今後毎年の願いとして、人間的な成長のために貪欲に考え続けたい。

僕らの精神が滅びることなく、信念が死なないことを願う。

レスターの獄中メッセージ　https://www.facebook.com/shumlester/photos/a.101447961346859/350728979752088/

出典　https://www.facebook.com/NathanLawKC/posts/2598577876960196

犠牲と貢献――香港エスニシティを育むもの

二〇二一年七月二〇日

犠牲と貢献だけが、エスニックグループを精神的な苦しみから救う。

海外にいる僕らには何か共通の信仰があるわけでも、人びとをまとめ上げる宗教的な慣習があるわけでもない。香港人をまとめられる要素は、歴史と真実しか残されていない。抗議運動で共有した経験、苦痛、そして叙事詩や神話に出てくるようなあの勇敢さ。

未知を恐れずに進む勇気と決意があれば、友たちのあらゆる行為は決して無駄にならない。香港人の脳裏に刻まれた彼らの名は、僕らが共に前進し、約束の地を取り戻すための象徴《トーテム》となる。

あるいは人の力など悠久の歴史の前ではちっぽけかもしれないが、しかし一つ波が起これば、必ずそれに呼応する別の波が起こる。僕の周りでもすでに多くの友人が周冠威（キウィ・チョウ）監督のゆるぎない信念から力を得て、香港のために何かできることはないかと、果てしない未来にあらゆる可能性を思い描いている。

諦めている余裕などない。

「時代に選ばれたのではない。自分たちが時代を選んだ」

映画『時代革命』のなかで戴耀廷（ベニー・タイ）［香港大学副教授。オキュパイ・セントラルを主導した一人］は次のように述べている。

「勇武派の香港への愛は強く、より大きな代償もいとわない。自己犠牲は和理非［平和的・理性的・非暴力］の最高の境地であり、自分など及びもつかない」

人は未知のことに恐怖を覚える。結果がどうなるかを見通しているなら、どんなつらいことにも耐えられる。黎智英（ジミー・ライ）、何俊仁（アルバート・ホー）、何桂藍（グウィネス・ホー）といった面々は、すでに恐怖を克服している。国家安全法という悪法によって獄中生活を強いられることは、もちろん知っている。それでも身を挺して自分たちの理念を伝え、行動によって自分たちの歴史を記そうとしている。

梁天琦（エドワード・レオン）も映画『地厚天高』で言っていた。

「（［逮捕されると知りつつ］香港へ帰ったのは）香港にも人物がいることを証明したいからだ。政治理念のために、この身をすべて捧げたい」

歴史という大河のなか、ますます暗くなる香港で、仲間たちの光は輝きを増している。

周冠威監督には洋々たる前途があった。オムニバス作品『十年』に参加した後の低迷期を経た『夢の向こうに（幻愛）』では、香港本土制作の映画として作品的にも興行的にも成功を収めた。だが、映画を娯楽ではなく芸術と見なし、真実から目を背けない姿勢を貫いた結果、『時代革命』によって自ら商業映画の道を閉ざした。

この先、自分が得意とする長編映画に必要なスポンサーを得られなくなることを彼は承知している。梁天琦の場合も同じで、二〇二二年に刑期を終えて出所しても、この都市の体制にはもう自分を受けいれる余地がないと知っている。

しかし、彼らの物語が伝えられることで、香港人コミュニティは立体的なものとなり、神聖さを帯びる。そしてそれが歴史的な素材となり、エスニックグループや都市を単位とする抵抗の精神が育まれる。

何年か後に、香港が最も暗かった時期に立ち上がった人びとの話をするとき、周監督は『十年』のなかの「焼身自殺者」と見なされるかもしれない。良心に従って自らの生業を焼き、そして身の安全を度外視して、自己を高めることに専念した。個人として正義と思いやりを追い求め、そして信念を貫き続ける香港人の精神を呼び覚ました。

ひるがえって、僕らのように安全な場所にいる人間にできることはないだろうか。もしかしたら、誰もが周監督のような勇気をいくらかでも持ち得るのではないだろうか。たとえば弁護士なら、時間を少し捻出して仲間を弁護できないだろうか。ほかの専門職であるなら、プロとしての価値観を犯されないように守りを固めておき、いざというときに悪に加担するのを拒絶できないだろうか。イギリスに移住しているのなら、香港人のコミュニティづくりに積極的に取り組み、民主化を求める香港人の影響力拡大に努めることはできないだろうか。

政治的な活動がほぼ行えない現状のなか、周冠威監督は最も劇的なやり方で自分たちの現実的な可能性を教えてくれた。考えることを放棄せず、試みることを放棄しないのが、最も重要な修練であり学びの場なのかもしれない。

出典　https://www.patreon.com/posts/sheng-huo-xi-he-53885510

二〇二一年七月二五日

北京五輪と東京五輪

東京オリンピックがコロナ禍のなかで開催されている。延期されてからのこの一年間、中止になるかもしれないという噂も多く聞かれた。日本国内の世論も両極端に分かれ、新型コロナウイルスが蔓延しているときに大規模なイベントを実施したら、これまでの対策の成果が失われてしまうと懸念する声も大きかった。いずれにしても、全世界の注目を集めるスポーツイベントは何とか開催される運びとなり、多くの香港人が自分たちの代表の活躍に注目している。昨日、二〇〇八年の北京五輪と今回の大会では中国代表に対する感情に相当な違いがあるとフェイスブックに投稿したところ、共感の反応がかなりあった。これは「一国二制度」が崩壊したこの十数年で、香港人がすっかり「中国の夢」と疎遠になっていることを示す。人権をないがしろにして市民を抑圧する政治権力は嫌われる一方だ。

自分の国の代表を熱心に応援するのは、アイデンティティの発露である。香港代表が世界的な舞台で好成績を収めると、香港人のアイデンティティは高められる。そして香港人のアイデンティティが高まると、さらに多くの香港人が国際舞台での香港代表の戦いぶりに注目するようになる。このところサッカー香港代表の観客動員数が増えているのも、人びとの間に香港への強烈な帰属感が生まれているためだ。スタジアムへ行って香港チームを応援したいというのは、香港への愛の表れである。

香港人のアイデンティティについて調査を続けている香港大学民意研究計画（現在は香港民意研究所として独立）のデータによると、香港人が自分を中国人として認識していたピークは二〇〇八年である。当時、僕は学校の課外活動の一環として「馬術青少年大使」を務めたことがある。香港で開催された北京五輪の馬術競技をＰＲする仕事だった。僕はこの「大使」になるための研修で北京へ行き、数日間の「国情勉強会」に参加したことがある。一般公開される前のウォーターキューブ（北京国家水泳センター）や鳥の巣（北京国家体育場）も見学できた。また中国側の青少年代表団を香港に迎えて、香港ジョッキークラブの施設を案内したり、オリンピックの馬術競技について紹介したりもした。

昔のことなので細かな活動内容は忘れてしまったが、初めのうちは「大使」といっても何の準備もなく、その「ふり」をしてやり過ごしているだけだった。しかし、北京五輪に関わる一連の活動のなかで僕は、香港人が国際舞台での中国の活躍を期待していると心から感じた。人びとは、四年に一度の重要なスポーツイベントでその「ソフトパワー」を発揮してほしいと願っていた。中国四川省汶川で巨大地震が発生したのも同じ年である。同情心が愛国的な気持ちを呼び起こし、災害に対する「団結」が中国人としてのナショナルアイデンティティを少なからず高めた。

二〇〇八年には、まだ箱形の分厚いテレビの前に座り、地上波のTVB（無線電視）で各競技の生中継を観戦した。中国選手が金メダルを取るたびに、家族で歓声を上げていた。女子バレーの人気はとくに高く、中国チームのスパイクが決まるたび、隣近所からも歓声が聞こえてきた。街中が、心から中国代表を応援していた。大会後、中国の金メダリストたちが香港を訪問した際には、僕もレセプションに出席したが、選手たちと直接話ができたことに感激した。彼らは香港でもスターだった。

そんな「中国の夢」は二〇二一年の香港からは消え失せている。二〇〇八年の北京五輪の頃とは対称的に、中国代表が金メダルを取るのを見た多くの香港人の感情は、もはや無反応では収まらず、明らかな反感だ。中国代表に対する今の香港人の感情に投影されているのは、「中国の台頭」の裏で流された血の涙であり、苦痛と屈辱である。誇りに感じていたものが嫌悪の対象へと変わった。そこで経験された悲劇が意味しているのは、政治権力の零落であり、醜さである。

海外にいるので多くの香港人と熱狂を共にするのは難しいが、なるべくニュースを追いかけ、香港選手の活躍にエールを送っている。もちろん、選手のバックグラウンドを調べ、濃い「青色〔親体制派〕」ではないか、全体主義の宣伝に積極的に加担していないかを確認するのは、もはや習慣になっている。もしかすると、香港人はこれから先もずっとこの小さな習慣をやめられないのかもしれない。僕らはもう体制を信じていないからだ。信じられるのは民主主義の価値観を抱き、香港の民主化をかたく信じる仲間たちだけだ。そうすることで真の香港スピリットを受け継ぎ、希望を抱き続けることができる。香港人を虐げる中国共産党を支持するような選手に興味はない。

出典　https://www.patreon.com/posts/sheng-huo-bei-ao-54075549

二〇二一年七月二七日

言葉にしなくても――「香港に栄光あれ」

今回のオリンピックを観戦する香港人には、次の法則が当てはまる。

一、自分たちの代表（香港）の勝利に興奮するだけでなく「ある国」の代表の敗北にも興奮する。
二、代表選手が表彰台に上ると、耳障りな音を出して静寂を避ける。
三、メダル獲得ランキングでは、「ある国」のライバルである日本やアメリカなどを応援する。

ほかの国の観戦者にはあまり見られない特徴ではないだろうか。張家朗（エドガー・チャン）［フェンシング香港代表］の決勝戦を前に、SNS上では「彼に優勝してほしくない理由が一つだけあるとすれば、それは『義勇軍進行曲』［中国国歌］を聞きたくないから」という書き込みも見られた。もちろん、張家朗の金メダルは近年まれに見る痛快な出来事［香港選手が金メダルを取るのは二十五年ぶり史上二回目］であり、ネット上では「香港に栄光あれ（願栄光帰香港）」のショートバージョンの動画が拡散された。本当に香港のものと言える歌を会場でも流してほしかったからだ。ショッピングモールで表彰式の中継を見ていた観衆の反応はストレートだった。まずブーイングが起こり、そしてサッカーの試合などでよく見られる「ウィー・アー・ホンコン」のかけ声が響き、国歌をかき消した。それは偽りのない素直な反応である。たとえ街頭で不満を吐露することはできなくても、その短いひとこまは千の言葉に勝る。

このことから分かるのは、共同体《コミュニティ》におけるスポーツの重要性だ。七年前に、当時の行政長官・梁振英は「宗教界、スポーツ界は経済に貢献しない」と言ったが、一枚のオリンピックメダルが持つ意義は、狭い意味での「経済的貢献」という括りには収まらない。林鄭月娥（キャリー・ラム）も魅了されたらしく、張家朗に直接電話した彼女は（誰もよろこばない電話だが）、祝賀にかこつけたPRショーに精を出していた。彼女の行動は、スポーツには価値がないとする梁振英への平手打ちだ。そして市民の反応は、林鄭月娥にも一撃を加えている。歓迎されない国歌に、民意で選ばれたわけではない行政長官。林鄭長官や特区政府の高官たちによる張家朗への祝賀は、まるで革命模範劇のように魂がこもらない。人びとの怨嗟の声が、はっきりと聞こえる。

試合後のインタビューで張家朗は「このような時だからこそ、最後まで頑張る香港人の姿を世界に見せたい」「これ以上は後退できない。前に出る」と言っていた。「このような時」とは、はたして単純にコロナ禍を指しているだけだろうか。香港の変容は、スポーツ選手にも、一般市民にもひしひしと感じられる。逆境をはね返し、自ら強くあろうと努めるのが、今の香港人の姿ではないだろうか。「香港人が世界で一番になった」という感動にとどまらず、「香港スピリット」を背負い、諦めや敗北を口にしない張家朗の姿勢こそが、僕らにとって貴重であり、感謝すべき部分だ。

この小さな土地で、夢や自由のために闘う人びとに感謝したい。張家朗の背中には、きっと彼をさらなる高みへといざなう翼が生えている。

出典　https://www.patreon.com/posts/sheng-huo-wu-you-54152030

アップル・デイリーのない日々

二〇二一年七月三一日

香港人がアップル・デイリー（蘋果日報）を失ってから、いつの間にか一カ月以上が過ぎている。あれ以来、僕は香港のニュースとの間に断層を感じる。それまではアップル・デイリーの報道によって日々変化する民主派の動向や政治情勢を把握できていたが、今は一つのメディアから総合的な情報を得ることは難しい。独立系の立場新聞やフェイスブック上の評論、その他のSNS上で得られる各メディアの情報などを個別に拾い集めるしかなく、香港の政治状況を全体として捉えることは難しくなっている。

最近、僕の以前の活動についてあるところから問い合わせを受け、ネット上で過去の関連記事を探してみたところ、アップル・デイリーが廃刊となったうえ立場新聞も過去の論説記事を削除してしまっているため、ネット上から自分の足跡がかなり減っていることが分かった。二〇一四年以来の僕に関する報道記事は、多くが消えていた。公人としての僕が香港社会で活動した痕跡は、アップル・デイリーの廃刊と共にしだいに消し去られるのだと感じた。記録がなくなれば、香港市民の記憶もしだいに薄れていく。

これからの時代に育つ若者が、過去数年間に香港で起きた民主化運動の歴史を振り返ろうとしたとき、いったいどんな資料が残されているだろうか。未来の彼らがグーグルで民主派の活動家を検索したときに見つけられるのは、東方日報や文匯報、大公報などの誹謗中傷記事だけになっているのだろうか。記録を消し、記憶を薄れさせ、最終的には真実をねじ曲げてしまう。実に恐ろしい社会改造計画である。今のところ、この種の社会改造に対処する手段は思いつかない。一人ひとりが真実を語り継ぎ、その記録を次の世代へと伝えていくしかない。

もちろん、そこには亡命香港人としての焦りもある。——海外での活動と香港本土での活動との間の断層は拡大を続けるのか。自分たちの活動が香港の仲間に認められるのか。香港本土での運動を支える力となり、息が詰まりそうな環境のなかで希望を示し続けられるのか。この道を進み続ける僕らは皆不安になる。だからこそ僕は、海外での提言活動を中国共産党が無視できないほどに高めたいと、より強く願う。そして国際社会という環境を通じて、外需依存から内需主導へと移行するように、世界を結ぶ提言活動をしっかりと香港に浸透させたい。

イギリスでの暮らしも一年を超え、生活の面ではかなり適応しつつある。しかし、海外で政治活動をする難易度は日々高まり続けている。僕は最初の本『フリーダム：香港人の自由はいかにして奪われたか、それをどう取り戻すか』を書き上げ、当面の計画を練り、自分自身の能力向上にも務めている。また在英香港人の社会組織づくりにも仲間と共に取り組んでいる。アップル・デイリーのない日々を、僕らは少しでも先へと進まなければならない。これまで以上に主体的に、積極的に、民主主義と自由の信念をどこまでも広めていく。

出典　https://www.patreon.com/posts/sheng-huo-shi-qu-54337857

亡命者の不安

二〇二一年八月五日

ベラルーシの反政府デモが盛り上がりを見せた後、弾圧を受けて二〇二〇年八月にウクライナへ脱出したヴィタリー・シショフ氏は、数日前、自宅近くの公園で首を吊った状態で発見された。顔や体に多数の傷があり、ウクライナ警察は「自殺に見せかけた殺人事件」として捜査を進めている。

シショフ氏は殺される三週間前に、ウクライナでの抗議活動や亡命者コミュニティにベラルーシの特務機関が入りこんでいて、自身が主催する亡命ベラルーシ人支援団体「ウクライナ・ベラルーシの家（BHU）」にも紛れ込んでいる可能性があると、反体制派の仲間に警告していた。またウクライナの情報当局も、ベラルーシ側の特務機関がウクライナ国内でかなり活発に活動しており、誘拐や暗殺の可能性を示す情報も複数あるとして、ベラルーシの反体制派に警告していた。

つまり、朝のジョギングに出かけたまま失踪し、遺体となって発見されたシショフ氏は、危険がせまっていることを知らなかったわけではない。おそらく身の安全に気を遣っていたはずだが、それでも魔の手をのがれられなかった。亡命者が海外で身の安全をどう守るのかは大切な問題だが、完璧な解決策があるわけではない。もともと暮らしていた土地を離れても政治的な提言活動を続ける場合、不特定多数の中で活動するのは避けられない。イギリスで活動する僕も、香港に声援を送る重要なデモには必ず顔を出す。より多くの人が現場に来てほしいと思うし、海外コミュニティを結束させる大切な機会でもある。

しかし大衆の中で活動し、現地のコミュニティに入って一定程度の交流を続ける場合には、さまざまな形で面識のない人と接することが多く、特務機関に目を付けられるリスクは高まる。今回のシショフ氏以前にも、ロシアの反体制派であるアレクセイ・ナワリヌイ氏は神経毒によって命の危険にさらされたし、ベラルーシの反体制ジャーナリストであるラマン・プラタセヴィチ氏は搭乗していた旅客機が領空通過中に軍用機によって強制着陸させられ逮捕された。ほかにも反体制派への迫害は各所で伝えられる。中国政府による反体制派の亡命者への迫害がロシアなどと同じとは限らないが、亡命者への妨害や尾行は少なくないし、場合によっては襲撃さえ行われる。

この手のニュースを見るたび、僕は自分の置かれている状況を思わずにいられない。この一年はなるべく外出を控え、必要なときだけ人前に出て活動しているが、今後、自分の影響力が大きくなれば、中国共産党の魔の手から逃れるのは難しいかもしれない。しかし、だからといって自分たちの活動や日常生活をやめることはできない。海外にいる僕らが、まさかボディーガードを雇うわけにもいかない。普段から身のまわりに注意して、そして体を鍛えて、自分の危機対応能力を高めることくらいしかできない。

より重要なのは、今暮らしている国で自分をよく知ってもらうことだ。自分の「物語」を周囲のより多くの人が知っていれば、危害を加えようとする側もその分だけ躊躇する。民主的な国で反対者を殺すようなことをすれば、どれほどの反発を受けるのかを理解するはずだ。現地の世論や政府当局を味方につければ、リスクを最大限に回避しながら、抵抗闘争の支援を続けられる。

この世界に生きる限り、束縛の鎖を完全に断ち切ることはできない。たとえ心配ごとは多いとしても、今も危険な場所に身を置く多くの仲間たちに比べれば、僕の不安など微々たるものだ。僕がただ望むのは、自分が大切に思う人たちの平穏と無事である。そして海外にいる自分たちの影響力を発揮することで、この世界を変え続けたい。いつか「家」へ帰る道が完成するまで。

出典 https://www.patreon.com/posts/sheng-huo-liu-de-54534302

アフガニスタン——自由の脆さ

二〇二一年八月二六日

ＢＢＣポッドキャスト「ニュースキャスト」の最新回で、ヤルダ・ハキム記者はタリバン復権後のアフガニスタン人の窮状を語った。


「カブールで生まれた私は四〇年前、生後六カ月の頃に父に連れられて家族と共にアフガニスタンを離れた」

「四〇年後に私は、失望した市民が飛行機にしがみつく光景を見ている。そこまでして逃げようとする彼らは、いかに自由を切望しているか」

「自由と平和は本当につかの間だった……この二〇年間、われわれの『生活』には自由と民主主義と人権があり、女性の権利が守られていた。しかし、わずか二〇年しか続かなかった」

「カブールに暮らす若い女性は、ほかの地域の女性と同じように……多くが家族とは独立して暮らしていた。街なかでヒジャブを被らず、男性の友人と共に外出した。旅行に出かけ、インスタグラマーとして人気を集めていた……そんなインスタアカウントもすでに削除されている。英語のメッセージはすべて削除され、彼女たちは電話でも英語で話さなくなった。スマホを調べられる可能性があり、英語を使うことで誹謗中傷される恐れがあるからだ」


この二週間、メディアはこぞってアフガニスタンでアメリカが失敗した経緯や、タリバンの復権に伴う世界秩序への影響などを議論している。中国はこれを契機とばかりに「民主主義の輸出」が効果を上げることはないと指摘し、西側のイデオロギーを世界中の国に当てはめることはできないなどという主張で、自らの権威主義による統治を擁護している。

しかしながら、成功と失敗を重ねる国際政治の背後で明らかになったのは、政治権力の下で生きる血肉を持った人びとの生活と、そして恐怖だった。女性の権利は「外国勢力」の介入によってなんとか守られ、人びとは選挙によって一時的(かつ限定的)な自由と人権を享受していた。海外在住者は不安なくアフガニスタンへの再定住を望むことができた。これらは「国際基準を適用しない」という一言で簡単に片付けられる問題ではない。アメリカの軍事行動に賛同するか否かにかかわらず、法の支配、民主主義、人権(女性の権利)は最低限守られなければならない。極端なイスラム教解釈による支配、石打ち刑や公開処刑、あるいは女性を男性の所有物と見なす考え方、タリバンの「戦士」との強制的な結婚などには、いずれも強く反対しなければならない。

国際社会がアフガニスタンでの国家建設に失敗したことや、アフガニスタン政府の無能ぶりは、いずれもタリバンの統治を正当化するものではないし、アフガニスタンの人びとが直面する暴虐と絶望を外にいる僕らが無視してよい理由にもならない。アメリカ政府の撤退により、過去二〇年のかりそめの自由は唐突に失われた——。国際社会の政策を責めるべきなのか、それとも、人びとを恐怖させ自由を奪う横暴な政治権力を責めるべきなのか。

文化的、政治的な相対主義は、つねに最低限の基礎の上に構築されるべきである。良心と正義に照らすなら、中国共産党やタリバンなどの政治権力が行っていることを、相対主義的な言説によって見逃してはならない。その罪を免れることは許されない。僕らは政治権力による粉飾ではなく、正義を支持する。一人ひとりが最大限に自由な環境で暮らすことができ、人として尊厳を持つことができるように。

香港人は遠く離れた場所にいるが、おそらく最も基本的な部分で通じ合うことができる。

出典　https://www.patreon.com/posts/fen-xi-fu-han-zi-55363852

黄之鋒（ジョシュア・ウォン）の誕生日によせて

二〇二一年一〇月一三日

投稿前に考えてみた。地球半周分を隔てた場所から誕生日を祝うことで、君の立場を悪くしてしまうだろうか？

考えてみたものの、あまりに馬鹿げている。

たとえ政治権力が人と人との距離を物理的に隔てたとしても、僕らの精神はずっとつながっている。

二〇二〇年六月二六日に僕が香港を離れた瞬間から、僕らはそれぞれの道で活動している。今後、君が香港で何をしても、あるいは僕がイギリスで何をしても、互いの活動は無関係だ。

思い返せば、僕らの運命がしだいに接近したのは、二〇一四年の後半に学連と学民思潮(スカラリズム)の協力関係が始まってからだった。二〇一六年四月に香港衆志(デモシスト)を結党してからは、誰の目にも、僕らは完全に重なって見えただろう。あらゆることを、あらゆる苦難を、僕らは共にしてきた。あの頃、僕は社会運動や市民運動に関わる多くの人びとと出会い、多くの出来事を目の当たりにしたけれど、ひいき目なしにこう断言できる。君ほど闘志にあふれ、君ほど政治の仕事に没入した人はいなかった。

「ロボット」とからかわれるほどに、自らの目標を実現させるために全精力を傾け、政治以外の生き方を無意識に放棄してさえいる。「すべてを民主化運動にささげる彼には、別の生き方などない」――あるドキュメンタリーで僕が言ったとおりだ。

もちろん、君の貢献が報われるのか、あるいは「善意で悪事を働いた」と非難されるのか、その評価は歴史に委ねられる。でも僕の結論ははっきりしている。歴史は君をこの上なく歓待するに決まっている。香港を離れたとき、僕は君の精神を少しばかり持ち出した。仕事への熱中の度合いでいえば、君のテールランプに追いついたあたりだろうか。

それはさておき、僕は今までずっと、君と熱い友情について語り合うことなどできなかった。この数年来、いろいろな場面で皆の感情の起伏を感じとり、最悪の悲しみや、あるいは最高にうれしかった瞬間を目の当たりにするうち、僕は多くの言葉や感情をそのまま心にとどめておくようになっていた。

けれども、そんな風に心にためこんだ多くの言葉を実際に伝えたいと思っても、それが叶うのはずっとずっと先のことになってしまった。

香港には多くの羅冠聡がいるだろう。けれども第二の黄之鋒が現れることはない。僕は平凡すぎて、長所も短所も飛び抜けたところがなく、ゆっくりとここまでたどり着いた。

君は才気にあふれていて、しかも様々な場面で誰かの助けを必要とする。だからこそ唯一無二の存在だ。

かつて君と共に香港のために奮闘できたことを感謝している。二人を分かつ垣根はなかった。おそらくあれは僕の人生で最高の日々だった。

誕生日おめでとう。君のために誕生日ケーキを切り分け、君の好きな日本食でお祝いできる日が早く来てほしい。そのときは、もちろん僕がごちそうする。

出典　https://www.patreon.com/posts/sheng-huo-sheng-57330855

四年後の今日——梁天琦（エドワード・レオン）の出所

二〇二二年一月一九日

天琦の出所［二〇一六年に旺角で発生したデモ隊と警官隊の衝突（「フィッシュボール革命」と呼ばれる）について罪を問われ、二〇一八年に暴動罪で禁錮六年の判決を受け収監されていた］に、いろいろな想いが交錯する。現在の政治情勢では、彼は刑務所を出た後も注意深く暮らす必要がある。しっかりと静養してほしい。すべての言葉は心の内にとどめて——。比較的プライバシーのあるこのPatreon.comに、二〇一八年の投稿を再掲しておく。この数年間、僕らがどんな経験をしてきたのかを忘れないでほしいから。

梁天琦

「自分が釈放されるとき、それが三年後、五年後、十年後であっても、待っていてくれる人がいるのか、それを確かめたいだけだ」

僕が梁天琦に会ったとき、いちばん印象に残ったのはこの言葉だった。

僕と天琦はそれほど深い付き合いがあったわけではない。彼と初めてプライベートで会ったのは、すべての喧騒がやみ、人びとの熱情が冷めたあとのことだ。濃霧に覆われた厳しい時期だった。八月初め、公民広場事件［雨傘運動が始まった二〇一四年九月、政府に抗議する学生たちが政府庁舎に隣接する「公民広場」（当時、立入禁止だった）を占拠したとして逮捕された」の上訴審に出廷した僕は、自分の入獄が避けられないことを悟った。ちょうどその頃、天琦はハーバード大学のフェローシップを終えて香港に戻り、裁判に応じる準備をしていた。僕らは互いの状況を友人の口から聞いていたり、あるいは報道で知っていた。

その頃の僕らは、どちらも拘禁される運命に向き合っていた。僕は近い未来で、彼はやや遠い未来。僕の罪状は軽く、彼の罪状は重かった。彼にとっては、挫折も、背負うべき負担も大きかった。熱狂がピークを過ぎ「すべてを経験したが、なぜか釈然としない」という映画『地厚天高』での彼の発言の通りだ。早々に選挙に出馬する道を断たれ、そして遠くアメリカへ渡っても、彼は反省の深みにはまり焦っていた。人生のアップダウンの激しさでは、香港政界で彼の右に出るものはいない。僕らはどちらも政治の渦の中にいたが、彼の巻き込まれ方はより激しく、より残酷だった。

彼はアメリカでどのように宗教の影響を受けたのかを僕に語った。静寂な緑の公園でどのように神と対話し、心の内を探究したのかを。彼は『地厚天高』を見たくないという。かつての自分の大言壮語が見るに堪えないというのだ。歴史上の人物が歴史に向きあうことの難しさ。アメリカでは誰もが香港に戻るべきではないと言った。だが彼はそうした反対を押し切って、自ら未来を選択した。

三年後、七年後、十年後と僕らは数えた。静かに酒を酌み交わし、茶餐廳《チャチャンテン》で買った弁当を食べた。うららかな陽光が、憤怒の時代の後の静寂を物語っていた。

僕が刑務所を出たあと、ある友人の家に政治犯と準政治犯が集まる機会があった。天琦もその場にいた。予想以上に多くの人が集まり、彼は少し不安げだった。誰もいない場所で好きなだけ酔いたかったのかもしれないが、それでも獄中の体験談などに耳を傾けていた。

さらに後日、アレックス［周永康］と之鋒と僕の三人は、天琦と飲茶をした。彼の出廷前に集まったのはそれが最後だった。予約した狭い個室で、自分の身の振り方も思うようにならず、人生の災難を避けきれなかった僕らは、集まっても国の大事を語り合おうとは思わず、くだらない話に花を咲かせた。僕らは周りに思われているほど真面目くさった話ばかりしているわけではない。ある種の霧は払っても払いきれないと知っている。苦難を共にした経験者が集まれば、それぞれが同じ試練をどう切り抜けてきたのかが分かる。それだけで得難い喜びだ。悲しんでいる暇などない。彼は言った。刑務所に入る直前に自分の目の前に座っているのが、まさか僕ら三人だとは思わなかったと。［本土派の梁天琦は、比較的穏健な羅冠聡らとは政治的立場が違った］

人生という道の両脇に植えられた種から何が育つのかは誰にも分からない。世の中のことはたいてい予想できない。僕らにできたのは、最も予想しがたい人間性というものを、最も確かな方法で彼に約束することだけだった。僕は彼に言った。たとえ刑務所を出るのが何年先になっても、君が出てきたときに、僕らは皆そこにいると。これは文天祥［南宋末期の宰相で元に滅ぼされた後も抵抗を続けた］のように天を仰いで叫んでいるのではなく、不条理な時代に生きる者の謙虚な証言である。［二〇一八年五月一八日］

出典　https://www.patreon.com/posts/sheng-huo-si-hou-61345191

ロシアの広場で逮捕された人びと

二〇二二年二月二五日

首都モスクワをはじめとする五十三以上の都市で起きた反戦デモに対し、当局は二〇二〇年の香港政府と同様に、デモの鎮圧ではなく感染症対策という名目で、集まった人びとを排除した。すでに一七〇〇人以上の逮捕者が出ている。

「自分の国を恥ずかしく思う。正直なところ、自分の感情を言い表せない。戦争はおそろしい。起きてほしいとは誰も思わない。なぜこんなことをする必要があるのか」ある三〇歳の反戦デモ参加者はインタビューにそう答えた。

ロシアの最新の世論調査によると、ウクライナへの侵攻を支持しているのは回答者の四五％に過ぎない。制裁や総動員態勢によって経済が衰退すれば、この数字はさらに下がり、時間がたつほど不満が蓄積されるはずだ。これは一般市民に限った話ではない。かつてロシアの著名人はプーチン支持が圧倒的に多かったが、現在、人気歌手のヴァレリー・メラジェはＳＮＳ上でロシアに停戦するよう呼びかけている。厳しい現状があり、ロシア国内の民意が分裂しているということだ。

現在、ＮＡＴＯやＥＵ、アメリカは直接の参戦を否定している。おそらく世界の盟友たちは経済制裁や封じ込め、あるいは何らかの外交的手段によってロシア経済を崩壊させ、それによってエリート層の反乱を促し、一般市民の不満を高めるという長期的な戦略を模索しているのだろう。この戦略をウクライナは歓迎せず、また強硬さが足りないと多くのアナリストが指摘している。これらの戦略が効果を上げるかどうか、それによってプーチンが戦略を転換するのかどうかは、この苦しい状況にロシアのエリート層や一般市民がどう反応するのかによって決まる。

ここで間違いなく言えるのは、他国に武力侵攻する国の国民であっても、暴政や不正義に身を挺して反対する人びとはいるということだ。その人びとにはウクライナから来た家族がいるのかもしれないし、家族がウクライナに住んでいるのかもしれない。あるいは、こんな戦争には何の意義もないと考え、プーチンの暴政を一刻も早く終わらせたいだけかもしれない。

「誰もが怖がっている——何か否定的なことを言えば投獄の恐れがあると皆が知っている」

鉄のカーテンの向こう側にも、恐怖のなかで街頭へと繰り出し、声を上げようとする人びとはいる。それらの声がすぐに戦争の状況を変えることはないかもしれないが、排除され逮捕された人びとの存在は、「ロシアでは国を挙げてプーチンを支持している」という世論にほころびを生み、小さな火種を植えつける。勇敢に戦うウクライナ人の向こう側にも、尊敬すべき抗議者たちがいる。

出典　https://www.patreon.com/posts/fen-xi-na-xie-e-63030958

無力感と向き合う

二〇二二年三月一一日

このところずっと息が詰まるような感覚があり、何か書こうと何度も試みたが、書き進めることはできなかった。

世界の変化が速すぎる。

ウクライナで戦争が始まってからの二週間、このイギリスの地で事態を見つめた。世論が今後の情勢を予想し続けるなか、ロシアは核の脅威をちらつかせ、重苦しい終末感が漂う。僕の周りには、この戦争に直接関わる友人も何人かいる。砲撃を受けるウクライナ国内の都市から情報を伝える最前線の記者、あるいは単身帰国して志願兵となるウクライナ人。すべてがあまりに身近で、そして唐突だった。

思い返せば、二〇一四年以降の香港では一貫してウクライナ情勢への関心が高かった。映画『ウィンター・オン・ファイヤー：ウクライナ、自由への闘い』は香港人の注目を集めた。ひとまず革命は成功したが、その後も影のように脅威がつきまとう。ウクライナ東部やクリミアでは戦いが絶えず、さまざまな形でロシアの軍事的圧力を受け続けた。強大すぎる隣国の脅威にさらされ、ウクライナ人も香港人も窒息寸前だった。ウクライナと香港では状況が大きく異なるものの、香港人は心の内で二〇一五年のウクライナと比較しながら、どうすれば自分たちが「勝利」を得られるのかを考えてきた。

このようなシンクロ感があったため、香港人は世界中のほかの誰よりもウクライナで起きた出来事に心を動かされた。二〇一四年と二〇一九年が心のしこりとして残るデモ参加者はとくにその傾向にある。戦争勃発という今回の事態に、僕らは二〇一九年のようにつねに最新情報を求めてスマホの画面から目を離せなくなり、いったいどのような結末を迎えるのか、故郷で戦争が起きたら自分も武装して参戦するのか、ロシアのウクライナ侵攻は台湾情勢にどのような示唆を与えるのか、などと静かに考える。

戦火に苦しむのは多くの一般市民だ。増え続ける死傷者の数に、心は鉛のように重たくなる。人の命の価値とは——。中国大陸のように、ナショナリズムによって政治権力を永続させるため、でたらめや洗脳により対外拡張の戦争が支持されるなら、武力による弾圧すら行われ、人の命は塵芥のように軽んじられる。そんな世の中に対して、個人の影響力にはやはり限界がある。声を上げ、寄付を行い、広く支持を呼びかける。周りの友人にも声をかける。だが、そのすべてが無力に思えてしまう。

社会運動における最大の試練は、無力感の克服だ。社会運動の本質は力の差がはっきりしている点にある。政治運動の成功を目指し続けるだけでも九死に一生であり、よくよく鍛錬しても、成功を勝ち取るのは万に一つだ。その背後にはさまざまな社会運動の失敗がある。その無数の失敗こそが人を鍛え上げる。しかし、無力感を克服するためには、自分の現在地やたどる道順、そしてまだ勝ち得ぬ「成功」を信じ抜く心が必要になる。マーティン・ルーサー・キング・ジュニアの言葉のように「道徳的世界への道のりは長いが、それは正義の方向に曲がっている」と信じることは、世界が分裂するように見える現状では、これまで以上に難しくなっている。

もちろん、こうしたことはすべて途中経過に過ぎない。人生の挫折と同じで、しばらくすれば挽回できるだろう。しかしそれまでは、いろいろな考えが頭から離れない。――自分には香港のために戦う心の準備ができているのか、台湾の将来はこの現状に左右されるのか、この戦争が終わったあとのロシアの衰退は中国にどんな影響を及ぼすのか。この二週間、ほぼすべての人がこれらの問題に思いをめぐらせ、そして答えを切望している。だが多くの問題は、情勢が進展して視界が開けるまで答えを得られない。

この歴史的な瞬間には、しっかりと自分自身をケアするというのが最適解かもしれない。香港映画祭の準備に追われつつ、少し休み、そしてウクライナ情勢を追いかけているが、すべてが終わったあとには少しでも成長した自分になっていたい。Patreon.com の更新も以前ほど頻繁ではなくなっているが、お許し願いたい。

僕たち全員がもっと勇敢になれますように。

出典　https://www.patreon.com/posts/sheng-huo-mian-63661609

二年後の今、僕が香港人に伝えたいこと

二〇二二年六月二九日

毎回記事を書き始める前に、僕は「自分が書きたいこと」と「読者が求めていること」との間のバランスを考えている。苦労して大作記事を仕上げても読む人がいなければ徒労に終わるからだ。しかし今回は初めてページビューを気にせずに、自分が書きたいことだけを書いてみる。二年も続けてきたのだから、少し自由にこれまでを振り返ってみてもいい頃合いだろう。文章は長くなる。最後まで読んでもらえるなら、それだけでありがたい。そのおかげで、世界に僕のことを少し知ってもらえるのだから。

一

いつの間にか香港を離れて二年が過ぎている。時の流れの速さは、それを感じる者の心に影響される。塀の中にいればこの二年を長いと感じただろうが、僕にとっては慌ただしい日々だった。故郷や旧友への想いは消えることがなく、よく夢に現れる。かつて暮らした公営団地、苦しんだ大学入試（とその試験会場）、焼けつくような日差しが照りつけるサッカー場、そして、どこまでも走り続け、危険にさらされ、抵抗の闘いを繰り広げた現場……ほとんどの夢は汗だくになって終わる。目覚めたときに世界が異様なほど鮮明に見えることもある。強烈なアドレナリンの放出によって覚醒し、危機に立ち向かう準備をせ

よと体中の細胞が告げている——。しかし周りをよく見れば、そこには見慣れたベッドや天井があるだけで、自分の脳みそが仕掛けた悪い冗談だったと気づく。もちろん逮捕や逃走の夢以外にも、入学試験当日なのに何の準備もできていない場面など、これまでの人生の傷跡が僕の夢の扉を順番にノックする……。どうやら精神状態が悪いときには、潜在意識の奥に眠る不安や恐れが活性化され、隊列を組んで脳内の免疫系を攻撃してくるらしい。

しかし日常のテンポが速いので、夢の恐怖は日中の悪戦苦闘の中で忘れてしまう。予定はびっしりと詰まっており、気を抜くとすぐに自分が決めた約束の時間に追い立てられる。取材、面会、執筆、あるいは資料を読んだり何かの準備作業をしたり……。僕が望むのは、自分の責任を果たすことだ。とはいえ、それがどんな責任なのかはじつは明確ではない。長く政治運動に関わるうちに、僕はさまざまな批評に冷静に向き合えるようになった。人生における多くの決断はギブアンドテイクであり、すべてを満足させる答えなど永遠に見つからない。自分が進む道をはっきりと選び、マイナス面も含めて、その選択の結果を受け入れる心の準備をするだけだ。多くの場合、僕は自分に期待してくれる人たちに精力を注ぎ、自分の力の及ぶ範囲で変化を促す。海を割って進むモーセのような奇跡を起こせるとは思っていないし、数年で香港を取り戻すことができると約束することもできない。僕はただ、つねにより良き自分に成長しようと努めながら、この困難な道のりを皆と共に歩みたいと思っている。

実際、多くの人が知っているように、運動の低迷期に浴びるフラッシュの光は、人を明るく照らすよりも、やけどを負わせてしまうことが多い。この二年間で前よりスピーチが上手くなり、欧米の政治知識を詰め込んできたが、それはカメラの有無にかかわらず香港人の面目を損なわないようにしたいからだ。そして、自分の進歩も見てもらいたい。はるかに遠い異国にいても、越えられない塀と鉄柵に隔てられていても、この暗い谷底を皆と共に歩んでいると知ってもらいたい。引き潮になれば誰が海水パンツをはいていないのかが分かると聞いたことがある［状況の良いときは問題が発覚しなくとも、困難な状況では、誰が準備不足でリスクを犯していたのか明らかになるという意味。投資家のウォーレン・バフェットの言葉］。自分は引き潮でもビーチにとどまり、状況の変化を皆と一緒に見守りたい。そこで興味を失わない人間でありたいと切に願う。

感情的な文章になってしまったのは、きっと体調が悪くて五日間かぜ薬を飲み、新型コロナではないと診断され、そして唐突にこの二年間にどんな場面があったのかをいつもと違うやり方で語らなければならないと思い立ち、この二年間のつまずきながらの歩みを（心の内を）振り返ってみたからだろう。何日か前に自分が肺炎にかかっていないか検査したときにも、やはり香港のことを想った。今の香港の防疫状況をなんとか思い出そうとしたが、あいまいな答えしか見つからなかった。

二

赤い旗で埋めつくされた団地、当局が望む愛国の歌を斉唱する名門校の生徒たち、地下鉄で北京語を使って会話している赤いスカーフを巻いた少年少女。そんなＳＮＳの投稿を見ると、香港が知らない都市のように感じられる。もし僕が今人知れず香港に舞い戻ったなら（夢で見る光景である。空港で捕まらないように香港を脱出する夢だ）、自分が街の中のどこにいるのか分かるし、お気に入りのレストランやカフェにも行けるし、皆が笑えない冗談を言ったりアイドルを追いかけたりするのも理解できるはずだ。しかし、言葉では説明できない雰囲気のために、よく知っているはずのものが見慣れないものに感じられるだろう。誰かが政治の話を始めようものなら、隣の親友が服の襟をつかみ、目を見開いて「シッ」と人差し指をくちびるに当てる。落ち着かず、ずっと首筋にナイフを当てられているような感覚だ。かつて余英時［歴史学者。新儒家の一人。国共内戦の時期に大陸から香港へ渡った］が語ったところによれば、深圳から橋を渡って香港に入ると両肩にのしかかっていたプレッシャーが消えたというが、そんなことはもう起こり得ない。その境界線はもはや象徴に過ぎず、かつて深圳河にあった境界は香港島にまで範囲を広げている。

それでも僕は、その土地がもたらす感情が、ほかのどの場所にも代えがたいと感じている。イギリス・ロンドンで暮らしたこの二年間、いろいろと紆余曲折があり、引っ越しを五回した。最初の頃は胸騒ぎがやまず、中国共産党の魔の手をいつも心配していた。その後は比較的思い通りに暮らせるようになり、周囲との交流を始め、「生存」のためだけの日々から「生活」へと徐々に移行した。香港を離れた感覚は、長い旅路のようである。帰りの日取りは未定のままだが、しかし帰りたいと思い続ける旅路だ。

僕らはそんな葛藤のはざまに生きている。思い描く約束された香港を目指してその土地を離れ、異郷の人となった後に、うわべは以前と変わらずきらびやかだが、もはや共感を生まない「新香港」を振り返り、それでも帰りたいと思う。

僕は自分が勇敢だと思ったことはない。多くの取材でそう答えているように、僕はとても幸運だった。以前、自分が香港を離れることを政府はなぜ認めたのかについて考えたことがある。香港を離れた人間に政治的な潜在能力はないと見なされたというのが、その最も可能性の高い答えだ。僕は厳重注意の対象でもなく、嵐の直前に遠くへ離れることができた。二〇一七年に議員資格剥奪の騒ぎがあり、その抑圧の結果として僕は思ってもいなかった海外留学という道を選択した。もし資格剥奪がなく二〇一九年も立法会議員のままだったとすれば、僕はとっくに監獄の中にいたはずで、国家安全法の施行前に香港を離れることなどできなかった。

多くの歴史的な偶然によって僕は政治運動の世界に足を踏み入れた。そのときは悪夢だと考えていた出来事も、数年後に振り返れば、すべて現在の自分につながっていた。以来、僕は多くの個別の事柄をつなげて考え、それらを長い歴史の流れの中のプロセスと見なすようになった。たとえば一九八九、二〇〇三、二〇一二、二〇一四、二〇一六、二〇一七、二〇一九……これらの数字をつなげると、香港の市民運動を表す数字となる。そこには必ずしも一貫した考えや特別な理屈はなく、僕らはそれらの個別の失敗を、成功へと向かう途中駅と見なすだけだ。僕らは今いる場所の暗闇ではなく、道の先にある光に目を向ける。

客観的に見て僕らはかなりひどい環境に置かれている。この旅を乗りきるために、僕は内なる力を鍛えることを自分に課している。この二年間、僕はつねに戦々恐々としつつ、言い表せない感謝を抱きながら、内外の複雑な政治情勢のなかで自分が為すべき活動の道を模索してきた。公表できず、慎重に進めなければならない事柄があれば、周りからの故意または無意識の誤解をすべて受け入れ、余計な弁解はせず、目的を守るためにそれらの非難を引き受けた。そうした非難は、この場所にいる自分が負わなければならない。

三

将来、誰かが僕の名前を話題に上げるときには、提言者や活動家としてだけでなく、さまざまな問題を議論する専門家、知識人として、あるいは社会の進歩を促す人として紹介されるようになりたい。これは香港問題の提言活動についての僕の考えに関係している。香港問題は、たとえば中国との競争（あるいは中国の人権問題）、権威主義の台頭と民主主義の後退、さらには報道の自由や信教の自由など、各国における優先順位の高い問題と結びつけて議論する必要がある。そうしなければ政策議論の俎上に上げることはできない。だから僕はこの二年間に香港問題について発信するだけでなく、とくに世界的な民主主義の後退についての議論など、活動家として幅広い試みを続けている。実際に多くの機会を得て、それぞれの議論の中で香港問題にも触れるようにしている。

人によっては、一度手に入れた「オーラ」は一生消えないと考えるかもしれない。政界のスター（僕は同意しないがそう分類される）になれば自然と注目が集まり、いろいろな招待も受けるのだから、それで大物と会ったことがあるだけだと、僕のことを評価しない人も多いだろう。だが、それはかなりの部分が誤解である。僕は自分の政治活動家としての生活が、スポーツ選手に少し似ていると感じることがある。本番の会場での一分間は、そこに至るまでに多くの努力を積み重ねた結果だ。それぞれの問題についての基礎知識、言語能力の習得、各業界についての理解と認知、あるいは普段のＳＮＳでの情報発信、さまざまな組織との関係構築など、いずれも雨だれで石を穿つような地道な取り組みである。村上春樹の言う職業としての小説家の暮らしのように、インスピレーションや才能よりも、毎日必ず一定の時間をそれに費やせるかどうかが試される。その日の気分や天候に左右されずに、必ず文字を書き続ける気概が求められる。

世界の人権コミュニティでは旬を過ぎ、多くの若者が注目しないうえ、大企業が中国ファクターを考慮して一定の距離を置く状況下で、提言者として活動するのは実際かなりの労力を要する。多くの場合、政府は距離を置こうとするし、大きなイベントなどに招かれても中国ファクターが原因でキャンセルされたりする。活動に際して各国の市民を集めようとしても、人気のないテーマならそれだけで失敗する。だが誰の目にも「生存者バイアス」があるため、成功して関心を集めたものだけが人びとの記憶に残ることになる。それ以外の多くは注目されないし、僕も公表しないが、仕事の大部分の時間は、そんな試行錯誤によって占められる。

こんなことを書き連ねたのは、僕の活動についての認識を変えてもらいたいからだ。写真や動画をアップロードするだけとか、いろいろな場面で数分間のスピーチをするだけというのは、いずれも提言活動の本質ではない。実際のところ、もしそれが才能や魅力、あるいは運だけを必要とする役柄であるなら、出身も資質も平凡な僕では釣り合わない。僕はむしろ腕まくりをして不屈の前進を続ける性格なので、ちょうどこの種の時間をかけて「腕を磨く」必要のある仕事には向いている。

もちろん僕は、結局のところ、人権問題に懸命に取り組み、変化をもたらすことを望むひとりの人間に過ぎない。香港の民主化運動において称賛されるべき特別な仕事をしていると評価されたいわけではない。僕はただ、この運動の一部分であり、特定の役割を担っている平凡でありふれた人物として認めてもらうことを願っている。それ以上でもそれ以下でもない。

四

政治的な反対者の声を押し潰した後、全体主義政府が最終目標とするのは、人と人とのつながりを破壊し、あらゆる組織的活動を妨害することである。人と人との関係に恐怖を植えつけ、逮捕や起訴、身近な人間による密告の可能性によって市民をおびえさせる。互いの信頼を失わせれば、市民はばらばらの砂粒になる。そうなれば政治権力の側は、市民に対して個別に報復や抑圧を行える。国安法の施行によって市民社会の崩壊が始まった瞬間から僕らは、全体主義の最終目標を警戒し、積極的にそれに立ち向かわなければならない。

そのため、政治的に直接問題となる活動は避けた上で、安全地帯を確保する必要がある。身のまわりの信頼できる友人たちとの関係を維持するために、自分の安全地帯に出入りする相手を厳しく選別するということだ。身のまわりの人間を信頼度で分類する習慣を身につけなければならない。問題となり得るセンシティブな話題は最も信頼できる友人にだけ話し、それ以外の場面では警戒を怠らないようにする。公共の場面での習慣を改め、危険地帯の境界線を探り、それを越えないように注意するだけでなく、必要以上に縮こまって後退しないようにも気をつけたい。もし大きな環境が息苦しければ、「小さな環境」に集中すればよい。限られた範囲の中で少しでも生活を改善し、周囲の仲間を支えることができれば、運動に投じた力がすべて無駄に終わるとは感じなくなるだろう。もちろん抗議運動には大きな目標があるが、達成可能な小さな目標もたくさんある。たとえば逮捕された仲間をサポートするとか、癒えない傷を抱える仲間を慰めるとか。そんな小さな成果から、自分たちが前へと進む力を得られることもある。

僕らのように海外にいる香港人には、香港の文化や記憶を受け継いでいくという責任がある。それらの声が生命力を失わないようにする責任がある。ただし実際に活動を始めるときは、その目的をはっきりさせる必要がある。それは内部の結束のためなのか、あるいは現地のコミュニティに香港を知ってもらうためなのか。両方の目的を兼ねている場合もあるし、対象者を分ける場合もある。内部向けの活動はより本格的な内容になる。深く掘り下げたテーマを扱うため、抵抗闘争の革命的な性質も問題になりやすく、傷口に触れてしまわないか注意する必要がある。一方、現地社会で香港への関心を高める活動では、生活にとけこんだ分かりやすいテーマを選び、ハードルは高くしない。活動に際しての考え方は、前者の場合と大きく異なる。コミュニティをうまく機能させるためには、どちらの活動も必須である。活動メンバーは両者の違いを認識し、前者の基準から後者を判断してはならない。バランスを取るのは難しいが、つまずきながら模索する必要がある。

運動や活動内容の転換に話が及んだので、「次へ進む（Move on）」という問題にも触れておかなければばならない。これはかなり繊細な言葉であって、運動の中で担った役割や苦労、あるいは犠牲にしたものが違えば、この言葉への理解も変わってくる。ある者にとっては、「過去を捨てて」新たな生活を迎えることであり、過去の出来事をはかない夢と見なし、チョークで書いた文字のように消し去ることを意味する。しかし、そんなことが本当に可能だろうか？　おそらくそんな風にして「次へ進む」のはごくごく少数であり、そもそも信じられないものだろうか？　運動の波及効果や人間の良心は、そんなにも昔から活動に関心が薄かった人に違いない。記憶に深く刻まれたあの苦しみ、そこから生じた反応や変化は、ただ単に「意見を言えないし、活動できない」からといって、あるいは〝ダダダダ〟と調子良くリズムを刻めないからといって、消し去ることなどできない。何桂藍（グウィネス・ホー）〔立場新聞の元記者〕が「共同、記憶、勇気」という文章で述べたように、誰もが二〇一九年をきっかけとする成長を続け、それをどうにか自分の人生に生かさなければならない。他者の苦しみに向き合ったときの最善の反応は、もっと「現実的」になれと教え諭すことではない。僕らはもっと勇敢になれるし、誰もが変化の可能性を信じられるのだと、心ひそかに誓うことだ。

また別の者にとって「次へ進む」とは、現実的な限界を認め、香港の民主化運動が再び氷河期を迎えたことを受け入れた上で、それに対応することだ。二〇一九年の理念や行動を引き継ぐのも一つのやり方だが、二〇一九年にとらわれすぎて進めないのなら、現状に即した主体性や行動を再び生み出すのも一つのやり方だ。とくに進む道を変えた場合、たとえば僕が香港の社会運動家から国際舞台の提言者へと転じたような場合には、必要とされる能力や活動内容、そして理論の要点さえも一定程度は変わってしまう。僕にとっての「次へ進む」とは、忘れたり捨てたりするよう呼びかけることではない。傷を抱えながらも別のステージへと進み、自分たちの砦を再構築することだ。視点や心持ちを変えるだけで、無力感から逃れることができる。そうすれば「何をやっても変わらない」「何をやっても取り返しがつかない」という自責の念にとらわれずに済み、新たな力も見つけられる。獄中で本を読むのも力になるし、海外で創作に取り組むのも、仲間を支援するのも力になる。どんなに小さな行動であっても、そこから波紋が広がっていく。

「自分にはいったい何ができるのか」と尋ねる人は多いが、この問いに答えることは難しい。何のために行動したいのか？　どんな影響を期待しているのか？　劇的な変化を求めているのか、それとも内心の不安や焦りを落ちつけたいのか？　この問いへの答えは、他人に尋ねるのではなく、自分の頭で考えて見つけ出すべきものだと思う。誰かからの借り物で済ますのではなく、自分で構築すべき性質のものだ。もし自分を運動の一部と見なすのなら、僕ら自身の成長やコミュニティに対する意識が、「何かを為す」ための基礎となる。自分にも気づきやリソースがあるのなら、運動や共同体の助けになる何かが自然と見つかる。

僕と何桂藍とでは考えに多少の違いがある。僕が香港人に呼びかけるときには、「共同体」「運動」「同志」といった言葉に、今でもそれ相応の価値があると感じている。もちろん、これらの記号が指し示した人びとは、すでに変わってしまったかもしれない。それでも一体感のイメージを生むことはできる。言い換えれば、これらはいずれも「動詞」のように振る舞い、アイデンティティや感情、記憶を揺り動かす言葉として、コミュニティを縫合する針と糸になる。それが刺さる瞬間は痛みもあるが、傷口にかさぶたができれば、僕らはより強くなれる。それらに疑問を抱くときこそ、それらについて多くを語るべきときだ。

これはつまり「意志が先にあって行動するのではなく、行動することによって意志が生まれる」ということだ。きっと。

五

漫画『ワンピース』を読んでいる方なら「二年後の再会」といえば意味が分かるだろう。散り散りになった仲間がそれぞれに修行を重ね、約束の二年後に強くなって再会する。僕は自分が強くなったかどうか分からない。あるいは、僕らは政治権力が目もくれない小さな蟻かもしれない。それでも僕は、巨人たちがわざわざしゃがんで目をこらすような、悪しき存在が銅鑼を打ち鳴らして潰しに来るような、そんな蟻になりたい。

僕は自分が歴史という大河の中の特定の位置にいるのを感じる。僕には自分の使命と限界がはっきりと分かる。だから僕にはできないことがあり、語れないことがある。僕はとても平凡なので、おそらくそのために自分の身の程をわきまえることができ、多くの人や物事を自分ひとりの力では変えられないと知っている。

二年が過ぎても僕の願いは変わらない。香港国際空港を飛び立つ瞬間、涙があふれてきたときに、僕は自分の生涯をかけて再び帰るための道を築くと決めた。悲壮感が漂うような言い方はしたくない。僕の払った犠牲など、今も苦難に耐える仲間とは比べものにならない（すでに僕は幸運に恵まれている）。けれども僕らの運動にあるのは苦難だけではない。たとえば無私の精神やブレイクスルー、知識、波及効果、団結など、非常に多くの特質があり、それがベースとなって優れた集団が生まれた。これらの特質をさらに磨き上げれば、これまで以上に勇敢に前へと進んでいけるはずだ。

誰もが同じ望みを胸に、それぞれのやり方で、歴史の重責を生きてほしい。皆さんの無事を願います。未来で会いましょう。

出典　https://www.patreon.com/posts/sheng-huo-li-wo-68384847

弱くても屈しない——白紙運動のうねり

二〇二二年一一月二八日

一

歴史は激しく移ろい、意志から潮流が生まれる。それは運命の定めではなく、人がつくる未来だ。たとえば香港の逃亡犯条例問題、チュニジアの露天商や台湾のタバコ売りの女性への暴行など、体制側の暴力による不正義は、人びとの心の内にある自由への渇望に火を付ける。ウルムチの高層住宅火災［ゼロコロナ政策で建物自体が物理的に封鎖されており、多数の住民が逃げ遅れた］もそうだ。抵抗が成功するとは限らないが、そこには人間性の光がある。やがて光が消えてしまうとしても、きらめきは心に刻まれる。

僕の力は弱いが、それでも屈することはない。

二

身を挺して武装警察の行く手をはばむ大学教授、スマホのライトを照らしながら白い紙をかざす学生たち、声を枯らして訴える「重慶兄さん」［街頭で「自由を与えよ、しからずんば死を」などと訴えて拘束された］の姿など、画面に映る抗議のうねりに、僕は二〇一九年に香港で実体験したデモのうねりを思い起こした。

グレート・ファイアウォールの内側にいる多くの人びとは、香港の抗議デモを「外国勢力の煽動だ」とか「暴徒が香港を混乱させている」などと考えていただろう。だが今回のことで、あれが鳥かごの外を自由に飛び回りたいという切望だったと気づいたはずだ。

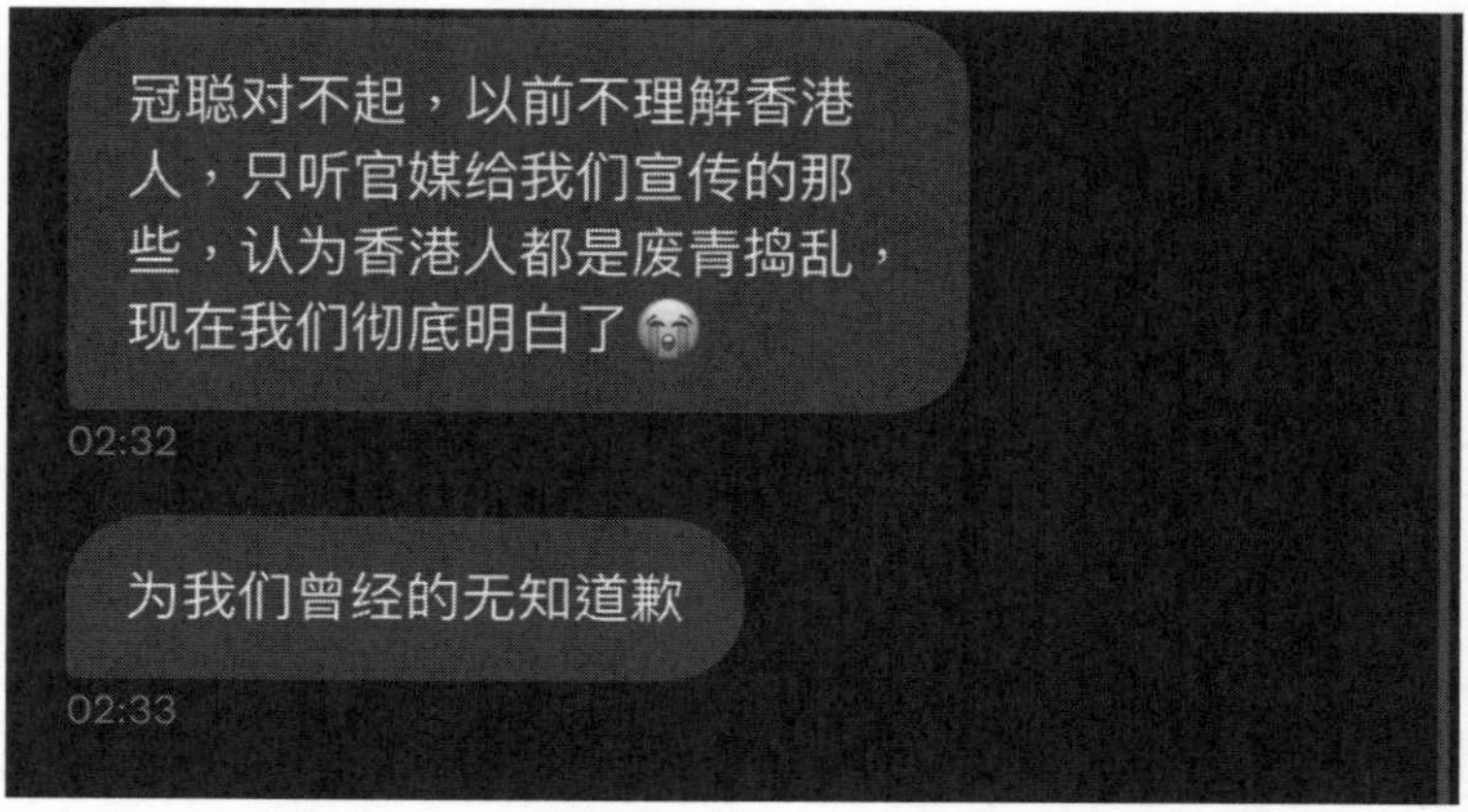
冠聡对不起，以前不理解香港人，只听官媒给我们宣传的那些，认为香港人都是废青捣乱，现在我们彻底明白了
02:32
为我们曾经的无知道歉
02:33

三

〔匿名の中国人からのメッセージ〕

「冠聡ゴメン。前は香港人のことを分かってなかった。政府の宣伝を真に受け、腐った若者が起こした騒ぎだと思ってた。今は完全に理解できる」
「自分たちの無知を謝罪します」

このところ似たような「謝罪」を受けることが多い。僕は「気にするな」と言ってあげたい。世の中のいたるところに束縛の鎖はある。以前は政治権力によって目を覆われていたとしても、今は視野が広がり、もう二度と後戻りしないと決意しているのなら、それでいい。

もう一言付け加えると、あれだけ多くの人びとを、年単位での投獄や「失踪」のリスクを冒してまで街頭に立つよう「煽動」できる外部勢力など存在しない。それは香港の群衆でも、中国の群衆でも同じことだ。

四

政府は、あらゆる手段で君たちの声を否定し、君たちの要求が国家の安定を破壊すると言うだろう。

政府は、運動の「リーダーたち」が裏で金銭を受け取っていると中傷するだろう。

政府は、原理主義によって大衆を攻撃し、互いの信頼を壊して分断しようとするだろう。

政府は、ナショナリズムによって、民族の枠を越えた多元的なつながりを瓦解させ、抗議者を孤立させようとするだろう。

ここで諦めず、信念を持ち続けなければならない。どうして立ち上がろうと思ったのか、つねに初心を振り返る必要がある。

勇気を持って迷いに立ち向かってほしい。

五

街頭に立ったとき僕は、人は信念のためなら代償を惜しまず、これほど愚かにも純真にもなれるのだと初めて経験した。

現実の重圧と困難な時局を知る者であっても、心の底にある自由への切望がひとたび掻き立てられれば、重い束縛から解き放たれたも同然となる。

君たちは、たとえば周囲の無理解や政治権力による批判の集中砲火、あるいは身内からの非難など多くの困難に直面するだろう。

そのすべてを僕らは経験した。

諦めないでほしい。

六

市民同士の対立は耐えがたい。そうした対立を引き起こすのは中国共産党が最も得意とするところだ。恨みを抱かないでほしい。すべてを諦めず、立場の違う相手を解放するためにも。

恨みは、腐敗した体制に向けてほしい。

恨みは、権力のためなら人びとを害することすら厭わない既得権益者へ、不正義の源へ、そして人命を軽んじ一般市民を侮る汚職役人へと向けてほしい。

君たちの心は、高潔であるはずだ。

七

「自由を与えよ、しからずんば死を」

自由主義の核となるのは多元性と分権だ。一人の香港人として、僕にできる極めてささやかな提言(あるいは懸念)は、政治権力の支配や権威に挑むときは、当局が鎮圧のために用いる論拠に挑むということである。

「テロの撲滅」として行われるウイグル人への非人道的な政策に立ち向かい、香港人を「同化」させる従属主義にあらがい、そして中国共産党中央による抑圧への辺境コミュニティの抵抗について理解を深める必要がある。

八

Be Water 水になれ
同じ山の頂を目指す兄弟たちが、それぞれ努力しよう
香港人、抵抗せよ
香港人、頑張れ
香港人、報復せよ
香港を取り戻せ、時代の革命だ

二〇一九年の僕らの叫びを、いま君たちに贈る。

出典　https://www.patreon.com/posts/wo-sui-li-ruo-bu-75177829

中国人の「赤い薬」

二〇二二年一二月五日

中国という国の権力機構の強大さは、「白紙革命」の波が広がった際の反応からもうかがい知ることができる。

大通りにたくさんの警官が配置され、地下鉄の車内では乗客のスマホが無作為に調べられ、デモが盛り上がりを見せた大学では（半ば）強制的に冬季休暇が繰り上げられ、ネット世論のチェックが強化され、抗議者の逮捕が相次ぎ、VPN〔仮想プライベートネットワーク。グレート・ファイアウォールを回避できる〕の利用が以前よりも難しくなっている……。

白紙を掲げる抗議を最初に行ったとされる南京伝媒学院の女子学生・李康夢は逮捕されて音信不通である。少し前に北京市内の四通橋で横断幕を掲げて体制批判の抗議を行った彭立発と同様に、現在、中国では多くの抗議者の安否が確認できない状況にある。

白紙運動のデモが世間を驚かせたのは、世論や組織活動の管理が厳しく、基本的には市民社会が形成されていない中国においては、中国共産党の治安維持体制を突破するような省や地域をまたいだ同時多発的なデモは不可能だと考えられていたからだ。だが、ゼロコロナ政策に伴う人びとの憤りと苦痛が、特別な根回しがなくても多くの共鳴を生む共通体験となり、想像を超えた「完璧な嵐」を引き起こした。

その後、北京政府が一部地域で封鎖の解除を進め、地方政府や検査会社に責任を転嫁するなど、アメとムチによって人びとの憤りをある程度解消させたため、大規模な抗議デモは次の週末までは続かなかった。結果から見れば、抗議デモの最初の波はたしかに蹴散らされた。近い将来に再び同時多発的な抗議デモを見られるかどうかは分からない。

このような結果になることは予想できた。中国共産党の体制の強靭さは誰もが知っており、抵抗運動が短期間で成果を得られると予想する者はいない。しかし、抵抗闘争がさまざまな理由で一時的に抑えつけられたとしても、最も重要な「認知の壁」は確実に突破されつつある。

今朝、僕は百霊果のポッドキャストチャンネルで「ウイグルの話――V」というタイトルの最新回を視聴した。ゲストとして招かれた顔を隠した匿名のウイグル人留学生が、新疆ウイグル自治区（東トルキスタン）にいた頃のことを語り、三十分ほどの話の中で次のような内容に触れた。

- 中国共産党が、社会的事件（二〇〇九年七月五日のウルムチ事件など）を利用して民族間の対立を煽り、さらにフェイク情報や報道統制を通じて、漢人によるウイグル人への大規模な迫害を促してきたこと。
- ウイグル人が日常生活で体制による差別や迫害を受けていること。
- 海外にいるウイグル人が直面している日常的な恐怖（国籍を変えると中国共産党にテロリストと見なされるなど）

・ウイグル人の知人が突然失踪したこと。

これらはウイグル人が受けている抑圧のほんの一部に過ぎない。情報が完全に封鎖され、物事を語る権限を中国共産党が握っている新疆ウイグル自治区（東トルキスタン）では、百万千万単位のウイグル人が民族的な苦痛とトラウマを負っている。僕らには想像すら難しい状況だ。

匿名Vと名乗る留学生も言及しているように、こうした背後には、加害に関与するか傍観しているだけの漢人の存在がある。彼らは、真実と虚偽を見分ける分別がありながら考えることを拒絶し、「当局が出す情報が間違っている」と認めることを拒んでいる。

これは「党に従う」という中国共産党が長い歳月をかけて確立した思想的な支配である。もし党の権威に疑問を呈し、自分の頭で考えるようなことをすれば、党からの報復を受けることになる。その恐怖のために多くの人は、自ら考えることも語ることも望まなくなる。

しかし今回の抗議デモは、冬眠状態にあった多くの中国人を否が応でも目覚めさせ、体制や社会について「善悪を判断」するように促した。中国の抗議デモに声援を送る海外の集会では、ウイグル人支援と再教育収容所への反対を自主的に訴えるだけでなく、ウイグル民族を迫害し続けたことについて、漢民族として謝罪する中国人留学生の姿も見られた。

このような認知のブレイクスルーは、映画マトリックスで、何も知らないまま生き続けるための「青い薬」を拒み、残酷な現実を知るための「赤い薬」を飲むのと同様である。それは人の考え方や行動を根本的に変えるものであり、自分の頭で考える主体性を促す。

そのような人の数は必ずしも多くはなく、依然として共産党国家の繁栄のなかで愛国に酔いしれるピンクの愛国戦士（小粉紅）が大多数のままかもしれないが、しかし独裁体制の転換や崩壊は、得てして一部のコアな群衆の覚醒から始まるものだ。

たとえ抗議運動が下火になったとしても、人の心は変化したままである。僕らは現実を客観的に判断すべきだが、しかし人が変わるということについては、もう少し楽観的な期待を抱いてもよい。人の力への信頼は、つねに社会運動の立脚点だ。今回のケースが強大な隣国の国民を少しずつでも変化させ、より多くの人が最も基本的な民主主義や人権、そして正義についての普遍的な価値観に近づき、それを守る行動をとるようになってほしいと願う。

出典　https://www.patreon.com/posts/fen-xi-zhong-guo-75530393

二〇二一香港憲章

1、一九八〇年代の中英交渉の頃より、香港人は香港市民を代表する首長と立法機関を選出すべく、民主的な制度の実現に向けて努力を続けてきた。しかし、中国共産党の一党独裁の本質は変わらず、香港人が香港の未来についての議論に加わるのを阻んだばかりか、九七年の主権移譲後には、「中英共同宣言」や「香港基本法」の精神をたびたび毀損し、民主化と自治を実現するとの約束をまったく果たしていない。二〇一九年に逃亡犯条例改正反対の大規模デモが起こり、香港人は民主主義と自由の獲得に立ち上がったが、暴政の赤色テロによって弾圧され、万を超える抗議者が逮捕された。「香港国家安全維持法」の施行により、香港人は言論・集会の自由を失い、香港に残った者はともすれば逮捕され、政治的に迫害された者は海外へと逃れた。二〇二一年に中国共産党が強要した政治制度改革は、香港の選挙制度にわずかに残された民主的な要素すら破壊し、一国二制度は有名無実と化した。

2、香港人の勇敢さと犠牲は、香港の民主化運動への国際社会の注目を大いに集め、国際的な提言活動は雨後の筍の如く起こった。香港人の離散者たちは誰もが民主的な香港を望み、世界の盟友たちの支持を集め、香港を守るべく中国共産党に抵抗している。二〇二一年初め、私たちは香港を取り戻す長き道のりを見据えて、この「香港憲章」によって国際戦線における香港人の力を結集させ、海外の香港人コミュニティを団結させることを希求する。私たちは心に誓う。中国共産党の覇権と圧迫にあらがい、香港人の民主主義と自由を勝ち取ることを。自主を求める内外の香港人の意志を守り、途切れさせないことを。中国共産党の権威主義の拡大に対抗するよう国際社会に呼びかけ、民主主義と自由の価値を共に守ることを。

離散香港人の信念

3、離散香港人はこれからも香港人全体の幸福を第一に考え、香港人の共同の利益を出発点とする。また離散香港人は海外の自由な言論空間を活用し、香港では政治的暴力のため発表することが難しい言論など、香港問題に関する発信や提言を積極的に行う。

4、抵抗闘争においては積極的により多くの盟友たちの支持を求め、より多くの香港人を団結させる。内部対立にエネルギーを浪費しないよう、派閥争いや海外運動の泡沫化を避ける。

5、離散香港人は相互扶助の精神により、香港を離れざるを得なかった者たちが各地で互助コミュニティを立ち上げ、現地に溶け込めるように協力する。個人や仲間たちを心身共に支え、香港スピリットを絶やさない。

6、政治的な提言活動は香港人の利益に帰着するものとする。香港の政治的な転換を促し、香港人が大切にする自由、自主、民主の精神を体現することを旨とする。

香港編

7、香港人は一つの独自の共同体として、固有の文化、歴史、経験、そして価値観を持っている。私たちは独自のアイデンティティを維持し、それらの貴重な特質を受け継ぐために、これからもその時代における意義を創造し続ける。私たちの地位や歴史、文化的価値は尊重され、保護されなければならず、さまざまな方法によって記述、記録、保存することで、隠蔽的または捏造的な官製の歴史観に対抗する。

8、香港人には、市民生活や政治制度、法制度などの改革を含め、香港に関する事柄やその将来についての決定権がある。また同時に、香港人は民主的かつ自主的な、自由が保障された制度を享受しなければならない。ここに言う「民主」には事前の選別なしに市民によって直接選出される政府と議会が含まれ、「自主」には当該地域の事柄について中国共産党の干渉を受けないことが含まれ、

「自由」には世界人権宣言や自由権規約などの国際規約に明記された、人びとが享受すべき政治的・社会的・経済的な権利が含まれる。

9、香港政府は司法、行政、立法が互いに従属しない三権分立を実行しなければならない。法の支配に関する制度は公権力を制約して公平と正義を明らかにすることを最高の原則とする。裁判官による判決は人権や法の支配の基準にかなうものでなければならない。また香港の最高裁判所は中国共産党の干渉を受けずに憲法［香港基本法］を解釈する権利を有するべきである。

10、香港国家安全維持法は香港人の言論の自由、人身の安全、政治的な自由を侵害する悪法であり、ただちに廃止すべきである。政府は言論によって罪に問うことをやめ、政治犯を釈放し、すべての香港人にデモ行進、示威運動、結社、出版、言論の権利を保障しなければならない。また亡命者に対する政治的な訴追をすべて撤回しなければならない。

11、中国共産党は香港の市民社会を蹂躙し、各専門分野の価値観や原則、モラルを破壊して、善良な香港市民を理不尽で専横な支配に従わせている。政治権力の汚濁にのまれないために、自身にとっての最低限のラインを可能な限り守るよう、私たちは市民に呼びかける。

12、中国共産党による直接的な指揮や香港政府内における上官への盲従により、すでに警察組織は市民の訴えや権利を抑圧する全体主義の武器に成り下がっている。警察制度の改革は必須であり、市民による十分な監督の下で、与えられた権限の範囲内で活動し、真に市民に奉仕する治安システムを構築しなければならない。

中国編

13、中国共産党は中華人民共和国内のあらゆる権力を独占し、一党独裁を実行している。民主主義と自治権、権力の分立による抑制と均衡、法の支配による平等、人間の尊厳や人権といった理念はまったく存在しない。中国国内の古い体制を刷新し、民主主義と自由の価値を実践するためには、一党独裁を終わらせ、民主的な制度を確立するしかない。

14、香港の民主化運動がターゲットにしているのは中国共産党の一党独裁による政治的暴力であり、その統治下にある中国国民ではない。私たちは、中国の政治体制の転換に取り組む中国国民に、共に暴政にあらがい、自治の道を歩むよう呼びかける。

15、中国共産党は口では「平和主義者」を名乗りながら、その実さまざまな国家プロジェクトを通じて不断に全体主義を輸出し、自らの権威主義による独裁体制を強化して、民主的な制度の正当性を弱めようとしている。

16、中国共産党は、人権派の活動家や弁護士への迫害を含む、あらゆる政治的弾圧を停止して、憲法に認められた市民の政治的権利を保障しなければならない。

17、中国共産党はデジタル権威主義による支配をやめ、ビッグデータにより人びとの思想を統制する行いに終止符を打ち、権力を民衆に返して、市民のプライバシー権を保障しなければならない。

18、中国共産党は、内モンゴル自治区、チベット自治区、ウイグル自治区などでの少数民族に対する文化的浄化やジェノサイド行為をただちに停止して、民族や宗教の多様性を尊重し、約束された合法な政治的権利と自治権を実現しなければならない。中国共産党は台湾への軍事的威嚇をただちに停止して、台湾の人びとの民主的な自決権と自治権を尊重しなければならない。

国際編

19、私たちは党派を超えた信念によって国際的な提言活動を進め、香港を支持するより多くの盟友たちとの連携に力を尽くす。

20、人権と民主主義の問題は、気候危機と同じように全世界が国の垣根をこえて取り組むべき課題である。私たちは、民主主義国の政府や多国籍企業、民間組織など、国際社会と共に協力して、中国共産党の拡張やその政治、経済、法律、軍事、科学技術の面における世界的な民主主義・自由体制への脅威について監視を行い、牽制しなければならない。

21、提言活動では、民主主義や自由を勝ち取ろうとする各地の抗議者と積極的に連携して、全体主義に反対し、民主化を勝ち取ろうとする各地の変革の提唱者との相互連携を促す。

22、提言活動では、気候の公平性や人種平等などの社会運動と積極的に連携し、社会正義の実現を目指すコミュニティを結集して、民主主義と自治の土壌を守り、より多くの民主政府から香港民主化運動への支持を得る。

23、提言活動では、世界各地における権威主義の台頭を警戒し、それによって民主主義の価値がむしばまれ、自由な空間が狭められるのを防ぎ、公平な社会の根幹が揺るがないようにすべく、権威主義の支配に影響されない世界を支持する。

24、提言活動では、自由世界の盟友たちと連携し、自由、自主、平等、多様性、公平、民主主義という普遍的価値を宣揚する。

25、国際社会は中国共産党の人権侵害から利益を得てはならない。香港は自由世界の一員として、民主主義国と同じ価値観を共有する。国際社会は権威主義の脅威にさらされる自由の価値を共に守らなければならない。

出典　https://www.2021hkcharter.com/

訳者あとがき

本書は季節社の中原邦彦氏と私が共同で編纂した日本オリジナルの翻訳書であり、原書はありません。原文は羅冠聡（ネイサン・ロー）氏が二〇一八年八月から二〇二二年一二月までの間にSNSなどで個別に発表した文章です（いずれも中文。各記事の末尾に出典のURLを記載）。今回の翻訳出版の経緯には香港情勢の急激な変化（弾圧の強化）がリアルタイムで関わっているのですが、まずそれを簡単に説明します。

季節社の中原さんから最初にコンタクトがあったのは二〇二〇年夏のことで、とある香港の民主運動家の著作を訳す翻訳者を探しているというお話でした。前年に大きな盛り上がりを見せた香港の抗議デモはコロナ禍もあって収束していましたが、香港版の国家安全法（国家安全維持法）が強引に導入された直後であり、香港問題はまさにタイムリーな話題でした。そのときはスケジュールの都合などで辞退してしまいましたが、中国大陸と関係の深い仕事をしている場合はいろいろと悪影響の恐れがあるからお勧めできないという中原さんの言葉にリアリティーを感じ、妙に心を引かれたのを覚えています。その後もいくつか翻訳企画のお話をいただき、この内容は残念ながら私では担当できないとか、ぜひ訳してみたいと思った大陸の反体制作家の著作は翻訳権が取れなかったり、というやり取りがあった末に、なぜが紆余曲折の巡り合わせがあって最初に打診のあった（当初は辞退した）民主運動家の著作の翻訳を途中から引き継ぐことになったのが二〇二一年の春でした。

正直なところ、その時点では香港の民主運動家の著作を訳す翻訳者として自分が適切な人選だとはとうてい思えませんでした。それまで私は猛烈に好きな香港映画（主にウォン・カーワイ作品）がいくつかあるという以外は香港との関わりがほとんどなく、広東語も話せません。翻訳実績は台湾華語やマレーシア華語を含む標準的な中文からの翻訳に限られていました。しかし幸いなことにその本は基本的には標準的な書き言葉の中文で書かれているので、事前準備を入念にする時間さえ確保できれば翻訳できる。担当する翻訳者がいないというような理由で、その本を日本に紹介する機会が失われてよいはずがない。私以外に訳す人がいないのなら私が訳すしかない……という思いこみに近い信念が芽生え、その翻訳を引き継ぐことに決めました。引き継ぐといっても翻訳のやり方は翻訳者それぞれに異なりますので、実質的にはゼロからの訳し直しです。当初想定されていた出版時期にはこだわらないという中原さんの配慮もあり、可能なかぎり入念に事前準備を重ね、そして満を持して翻訳に取りかかったのですが、しかし翻訳はすぐに頓挫しました。詳細はここでは明らかにできないのですが、国家安全法によって香港にいる関係者に危害が及ぶ懸念があったためにストップがかかったのです。二〇二一年六月のアップル・デイリー廃刊が間接的な原因でした。

現地の状況を考えれば、それがやむを得ない判断だと理解はできます。しかし、思いこみの激しい私に芽生えた信念はすでに収まりがつかないほどに成長していました。なんとか香港問題についての翻訳出版を実現できる方法はないかと考えた末、思いついたのが本書です。イギリスに亡命中の羅冠聡氏が書いた文章を独自の編集内容で出すのであれば、香港の出版社や香港在住者が関わらないため自粛する必要はないと考え、ダメもとで季節社の中原さんに提案してみると、著者との直接交渉で話を進めていただくことになり、収録する記事の選定が始まりました。ですが、これも一筋縄ではいきません。著者渡英後の二〇二〇年八月一日の記事にあるような「香港への愛」を中心に据えて、香港の民主化に取り組む人びととの関わりのなかで著者の人間性や価値観を浮かび上がらせたいと考える私に対し、世界規模での「民主主義VS権威主義」という視点から著者の取り組みを紹介し、香港以外の話題も積極的に取り入れていこうと考える中原さんとの方向性の違いが浮き彫りになったのです。収録候補となる文章はいずれも一冊の本にまとめることを前提に書かれたものではありませんが、その並べ方によってストーリーを描くという目論みもありました。私としては話が散漫になるのを避けるためにも香港の話題に絞るほうがよいと考えましたが、しかし本書にも「香港問題は、たとえば中国との競争（あるいは中国の人権問題）、権威主義の台頭と民主主義の後退、さらには報道の自由や信教の自由など、各国における優先順位の高い問題と結びつけて議論する必要がある。そうしなければ政策議論の俎上に上げることはできない」とあるように、現状の著者が世界的な視点から活動していることも事実です。候補に挙がった記事には、台湾やタイ、ミャンマーなど「ミルクティー同盟」（民主化や人権擁護を求めるインターネット上の連帯。香港も含まれる。お茶にミルクを入れる文化の存在によって中国との文化的な違いを強調している）といわれる地域の話題も含まれていました。話の本筋は香港問題ですが、これらの話題をあえて避けるのはやはり不自然かもしれません。そんな意見の隔たりを解消しつつ、なんとかまとめ上げたのが本書です。結果として、どちらか一方だけの考えで編纂するよりも、異なる視点を組み合わせることで内容に厚みが増したと自負しています。

収録した各記事の日付はいずれも著者がSNS上などでその文章を発表した日付であり、実際に執筆された日付とは限りません。また内容についても、節目となる大きな出来事をほぼリアルタイムで記述している場合もあれば、一年後、二年後……数年後の同じ日に、より冷静な視点で振り返っている場合もあります。私は翻訳に時間がかかる（時間をかける）ので、タイムリーな話題の本を迅速に翻訳するような対応はできないと最初にお伝えしていたつもりですが、さすがに出版までにこれほど時間がかかるとは中原さんは想定されていなかったかもしれません。しかし、翻訳中も大きな情勢の変化は続いていて、翻訳の進捗が遅かったからこそウクライナ戦争や白紙運動などについての記事を収録することができました。怪我の功名だったとご理解いただけると助かります（記事を追加したことでさらに時間はかかってしまいましたが）。

全体の構成としては、日付順の記事を三つの時期に区切っています。第一部「亡命まで――香港を愛しすぎることは罪なのか」は最初の著書『青春無悔過書』（日本未訳）の発表直後から二〇一九年の抗議デモ、米国留学を経て、国安法違反で指名手配される二〇二〇年八月初めまで、第二部「国安法の時代のはじまり――低迷と希望」は国安法やコロナ禍の影響もあって現地香港での抗議運動がいったん収束した二〇二〇年の年末まで、第三部「民主主義と自由のゆくえ――弱くても屈しない」は著者を含む亡命活動家を中心に「二〇二一香港憲章」が発表され、しかし一国一制度の現実がアップル・デイリー廃刊という形で見せつけられるなか、ミャンマーやウクライナなど世界情勢にも大きなうねりが見られ、中国では極端なゼロコロナ政策が白紙運動（ウイグル自治区での高層住宅火災に端を発する全国的な抗議運動）という反政府運動に帰結した二〇二二年の年末までとなっています。各記事は個別に発表されたものばかりですが、前後のつながりから流れが読み取れるように取捨選択しています。

社会活動家でもジャーナリストでもない私に語れることは多くありませんが、最後に翻訳者としてもう一仕事させてください。本編には収録できなかったある記事の翻訳です。日付は「二〇一八年八月一日」。本編冒頭の同年八月一八日の記事でも触れられているデモシスト主催のサマーキャンプについての著者の投稿です。

二泊三日のデモシスト・サマーキャンプを実現させた一人ひとりに感謝している。

若い力は民主化運動の大切な源泉だ。僕よりもずっと若く、志と使命感を抱いた新たな仲間を見つけ、そして自分たちの考えや経験を伝えていきたいという思いは強い。僕はこれまで、いろいろな場面で「最年少」であることに慣れていたが、今回は、スタッフを含めても僕が「最年長」だった。時代のうつろいを嘆かざるを得ない。僕は毎晩、一時過ぎにはもうぐったりしていたが、参加者たちがまだ元気にレクリエーションゲームに興じているのを見ると、あらためて年齢の差を感じた……（おじさんと呼ばれてもおかしくはない）。

キャンプのタイトルを「青春の不服従」としたのは、誰にでも長所があり、社会に貢献できる自分のポジションがあるはずだから、隊列を離れることを恐れる必要はないと伝えたかったからだ。ルールを超えた想像力勝負のデモシスト・モノポリー、之鋒が担当した抵抗闘争ワークショップ、さまざまな分野で民主化運動への取り組みを促すアート体験……準備段階では、いろいろと頭を悩ませた。政治意識の高い若者ばかりが集まるかもしれず、あるいは逆に社会に出たばかりで右も左もよく分かっていない可能性もある。参加者の年齢は十四歳から二十一歳までと幅があり、世代が違えば記憶している歴史も違ってくる。レクチャーの題材や活動内容をどう設定すればよいのかが難しい。

そして、その困難から「バランスの芸術」が生まれる。刺激的でおもしろみのある内容と、知識や情報量の多い内容を織り交ぜながら、得るところの多い活動を目指した。ただ楽しいだけで何も得られなければ意味がなく、真面目くさったつまらない構成では、どんなに良いことを言っても相手に伝わらない。初めてのことなので反省点は多いが、今回の経験を次回以降に生かしていけばよい。プランニングや装飾の大部分を手がけてくれた林朗彦（アイヴァン・ラム）を始めとするチームの全員に、そして遠いところをわざわざ来てくれて、音楽による意思表示の経験を語ってくれたBoyz Rebornのメンバーたちに、あらためて感謝を伝えたい。

意義のある活動なので、もちろん今後も続けていく。ご縁があれば、また来年もお会いしましょう。

出典　https://www.facebook.com/NathanLawKC/posts/1546812935470034

これは二〇一四年の雨傘運動が成果を出せずに終わって以後、長く続いた民主化運動の低迷期に書かれたものです。離脱した仲間も多く、雨傘運動のうねりが大きかった分だけ低迷も深かったはずですが、希望を失わず、地道な活動が続けられていました。そして翌年には著者よりも若い世代を中心とする二〇一九年の抗議デモが、雨傘運動以上の大きな盛り上がりを見せます。本書には「僕はかつて低迷期を経験したおかげで、社会運動にはサイクルがあると理解できた。低迷期の暗闇をどうやり過ごせばよいか、そしてそこにどう光を見いだし、気持ちを立て直すきっかけをつかむのか、多少は知ることができた」と語られますが、うねりが大きければ大きいほど、その反動としての低迷は深く長いものになるのかもしれません。また「失敗したからといって絶望する必要はない。しかし一度の失敗に意気消沈して考えることをやめ、ただ勝ち負けにとらわれてシニカルに冷笑するだけというのは感心しない」とも語られます。「社会運動の本質は力の差がはっきりしている点にある」とすれば、個々の失敗は織り込み済みの大前提です。「希望があるから続けられるのではなく、続けるからこそ希望を持つことができる」ということです。

本書の出版元である季節社からは羅冠聡氏の英語での著作も邦訳刊行されています。『フリーダム：香港人の自由はいかにして奪われたか、それをどう取り戻すか』と題するこちらの原書（方禮倫氏との共著）は、亡命後の二〇二一年にイギリスで刊行されたものです。幼少期の記憶から学生時代や議員時代の活動、議員資格剥奪から投獄、アメリカへの留学、国安法施行に伴うイギリス亡命という経歴と共に、香港と中国の違い、表現の自由、市民社会、法の支配、社会の分断、アクティビズム（積極行動主義）、アドボカシー（提言活動）といったテーマが語られており、より体系的に著者の考えや行動原理を知ることができます。英語圏の読者向けに書き下ろされたものであり、既存の中文記事を集めた本書とはかなり性質が異なりますが、その違いが相互補完の関係をなしています。いずれの著作でも、やはり世界規模での「民主主義VS権威主義」という問題意識が大きなテーマになりますが、『フリーダム』第五章に「権威主義体制の問題点は、それが本質的に、説明責任と、秩序ある権力移譲のための手段を欠いており、そのために正当性を持ち得ないということである。野党や成熟した市民社会がなければ、政権が過ちを犯しても、それを正すことができない。だからそこには正義も存在しない」と語られているように、根底の部分では正義のあり方自体が問われています。正義が存在するためには「成熟した市民社会」が必要不可欠であるというのは、なにも現状の権威主義国家を批判するだけの話ではありません。香港の人びとが必死で求める普通選挙の権利や民主主義というものが、まるで空気のような当たり前の存在として扱われがちな日本においてこそ、しっかりと再考されるべきではないでしょうか。その意味でも香港の現実から学ぶべき点は多いはずです。

著者は自身の亡命について、「拘禁十年に及びかねない国家安全法の裁判から逃れた」「気がとがめないのかといえば、とがめる」「もし鉄格子の中の誰かが僕を非難したとしても、反論はしない」「僕は反論できるだけの道義を持ちあわせていない」といった率直な言葉を綴っています。本書には、留学先からの帰国、立法会議員選挙の民主派予備選への出馬表明、国安法施行直前のデモシスト脱退（解散）、同法施行後の予備選不出馬表明、すでにロンドンにいるという告白などの記事を収録しています。亡命は、情勢が目まぐるしく変化する中での決断でした。二〇二〇年七月一一日・一二日に実施された民主派予備選の参加者からは実際に多くの逮捕者が出ており、そのうちの四十七名が起訴されて、二〇二三年六月現在も裁判が続いています。

亡命という道を選び、「それまでの知名度を生かして香港人のために声を上げるべく、この新天地にやって来た」という著者は、「希望は民衆の側にあり、変化は抵抗から始まる」「道は果てしないが、希望の兆しはある」と信じて行動を続けているのです。

二〇二三年六月

串山大

■ 著者紹介

羅《ら》 冠聡《かんそう》（ネイサン・ロー）

2014年の雨傘運動の学生リーダー。2016年に黄之鋒や周庭らと共に結成したデモシスト（香港衆志）の党首として、香港史上最年少の立法会議員に当選。しかし翌年、政治弾圧のために議員資格を剥奪され、投獄される。出獄後の民主化運動の低迷期には、サマーキャンプなどを通した啓発活動に取り組む。2019年の逃亡犯引き渡し反対運動では、デモの前線に出るだけでなく、アメリカを中心に提言活動を行った。2020年、国安法施行を受けてイギリスに政治亡命。同年、タイム誌で「世界で最も影響力のある100人」に選出される。ノーベル平和賞の候補者にも例年ノミネートされている。

■ 訳者紹介

串山《くしやま》 大《だい》

中日翻訳者。訳書に廖惟宇『ゲリラ建築：謝英俊、四川大地震の被災地で家を建てる』（みすず書房、2020）。また韋蘺若明『葬送のコンチェルト』（KADOKAWA、2023）など漫画作品の翻訳も手がける。

香港人に希望はあるか

2023年8月31日　第1刷発行

著　者 ── 羅冠聡（ネイサン・ロー）
翻　訳 ── 串山大
発行者 ── 中原邦彦
発行所 ── 季節社
〒603-8215 京都府京都市北区紫野下門前町52-2 大宮通裏
電話：050-5539-9879　FAX：050-3488-5065
https://www.kisetsu-sha.com
印刷製本 ── モリモト印刷株式会社

ISBN 978-4-87369-107-7